曽我量深先生
還暦記念講演

親鸞の仏教史観

曽我量深述

『親鸞の仏教史観』のあとさき

藤　このたび出版部が、曾我先生の『親鸞の仏教史観』を独立させて、出版したいという企画をたてまして、あの還暦記念講演会が開かれました当時のことを、松原先生にかえりみていただいて、前後のいきさつや、曾我先生を中心とした『興法学園』同人の方の想い出などを語っていただき、それによって、はじめて『親鸞の仏教史観』に触れられる人々の手引きともし、また、再読する人々のための解説ともしたい。こういう願いで、今日こうしてお伺いしている次第です。

そこで先ず、還暦記念講演会を開かれた興法学園同人の方々の願いといいますか、その辺りからお聞かせいただけませんでしょうか。

松原　そうですね。あの会は、曾我先生の還暦に当たって、それまでに先生の教えを受けた者が、先生のこれから新しい、六十歳を区切りとして、また非常に健康でもおられたものですから、将来に対してわたし共にひとつ教えをいただこうと、このような願いで、記念講演会を開いたわけです。

藤　そのことは、金子大榮先生のごあいさつにのっているわけでしょうか。

松原　ええ、そうした事情は、曾我先生のお話が始まる前の、金子先生のごあいさつの中でと、お話をお聞きしたあと、閉会の辞の中で、自分が受けた感銘を述べておられますので、ある意味で、十分解説になっています。そういうことで、彌生書房の曾我先生の選集などの中にもあれが置かれているんだと思います。

藤　あの文章は、出版部の意向としても、今後そのまま載せたいということです。

松原　それは入れた方がいいですね。

そこで、興法学園のことですが、同人として、序文にも名前が出ていますし、触れないわけにはいかんでしょうが、この話をすると、大谷大学の騒動のことから始まって、際限がないことになりますが、一応、興法学園の成り立ちのことは、ちょっと触れさせてもらいます。それからあの会を開いたいきさつも、金子先生のあいさつに出ていますので、あとであの文章に触れて、読んでいってもいいですね。

それよりも、仏教史観ということをなぜおっしゃったのか、という問題があるんですね。とくに仏教史観を親鸞に求めたわけですからね、親鸞の仏教史観と。明治以来の日本の各大学における仏教研究の在り方、その方向が、明治以前とは大きく変わってきますね。というのは、大体明治以前には、日本の仏教徒は、中国もそうですが、漢訳経典をよりどころにしていますね。とくに日本仏教というのは、聖徳太子のはじめから、大乗日域相応といって、大乗仏教、大乗経典というものを掲げて立っています。そして、大乗の、『無量寿経』はもとよりそうですが、『華厳経』であれ『涅槃経』であれ、『法華経』であれ、お釈迦さまの金口《こんく》のおことばだと、そう信じておったものです。それがいま問われてくるのです。

それでですね、私も出版部から解説を求められましたので、筆を持ってみたんですが、指が痛みますんでね……。で、書き出しのところを少し書きかけてみましたんで、ちょっと読んでみます。

「今度東本願寺出版部が、曾我量深先生の十三回忌を記念して、先生の数多い著書の中から『親鸞の仏教史観』という一書を選び、刊行して、広く頒布されますことは、今日まことに当を得た企画であると、私も心より賛同いたしたいのでありまず。それと申しますのも、教団の機能というか、生命ともいわるべきものは、正法の宣布でありますが、真宗教化の実践が、なにか今日、容易ならない壁につき当たり、混迷の中にみな戸惑いをしておるように思われます。そのとき、先生の六十歳の還暦を迎えられての大獅子吼の講演記録である本書を繙《ひもと》き、改めて、浄土真宗が世界の中の真宗であり、大乗仏教の至極である『大無量寿経』の教説こそ、人類救済の根本聖典であることを、仏道実践の歴史の歩みをもって、先生が証明なされていたことに、深い感動を覚えるのであります。

今、本書の出版に当たり、解説を求められたことでありますが、私は、何よりも本書を熟読し、本書の叫びに耳を傾け、全身を耳にして聴聞していただきたいと願うものであります。解説としては、ただ本書を繙く方々への手引きとして、本書の生まれてきた由来と、また、本書の仏教史観という題目に触れて、少しく説明を加えたいと思います。」

と、こういうふうに書いてみたんですけれどね。そこで本書の内容ですが、これは昭和十年五月十日から十二日に至る三日間にわたって、京都の山口会館において行われた、曾我先生の還暦記念講演の記録です。その講演の前に、先生の還暦記念会の発起人を代表されまして、金子大榮先生のごあいさつがありました。その中で、曾我先生その人について、金子先生は、このように紹介しておられますね。

「若し先生がお出でにならなかったならば、われわれは本当に仏教というものを理解することができたかどうか、本当に浄土真宗というものを自分の身に著《つ》けることができたかどうかということを思ってみますというと、もし今日生まれ合わせなかったならば、おそらく私どもはこの長い間の仏教の本当の伝統の精神をただ因襲のままで受け取っているか、あるいはどうしても受け取ることができなくてまようているか、どちらかに終わったであろうと思うのであります。それが仏祖の精神というものを本当にその一分でも受け取ることができるようになったということは、これは何と申しましても（曾我）先生が出られました同じ時代に生まれたところの私どもの幸福でありましょう。」〈（ ）内は松原先生・以下同じ〉

こういうようなことで、先生を語っておられるんですね。

＊ この対話は、昭和五十八年四月八日、松原祐善先生の自坊である圓徳寺（福井県大野市日吉町八―一）の曾我先生の「開神悦體」の横額がある一室で、藤　兼晃師を対話者として行われた。

聞き手　藤　兼晃氏（福井県大野市・最勝寺住職）
まとめ　熊谷直美（福井市・善照寺住職）

目次

第一講

自分の宿業《しゆくごう》ならびに仏祖のご冥祐《めいゆう》によりまして、今年、夢のうちに還暦の年を迎えました。みなさんはご多忙の中から、東西南北遠近よりお集まりくださいまして、私ごとき者の健在を――健在と申しましても碌々《ろくろく》たる健在をばお慶びくださいますことは、まことに身にあまる光栄、感謝のことばも知らぬ次第でございます。

ただいま金子さんよりまことに恐縮しますような、ねんごろな紹介をいただきましたが、そのおことばを拝聴いたしまして慙愧《ざんき》に堪えぬ次第であります。今回は別段お話したいと思うこともありませんので、昨年ごろからちょっと自分の胸に――元より自分には特別に学問とか研究とかいうことはあまり縁のないことばでございます。

自分の今までの生活にはまったく用のないことばでございました。したがってここに「親鸞の仏教史観」というような題を掲げましたけれども、別に自分の研究の発表とか何とか、そういう意味ではまったくないのでありまして、ただ自分の折々に思い出しましたこと、また、その折々に断片的に感想を申し上げたこともありますが、それをまた今回繰り返すようなことをさせていただきたい。まあこういうような私の願いでございます。

「親鸞の仏教史観」、これにつきまして今日一般にわが聖人の教徒たるものが、「親鸞」というようなことをいっても、みなさまは何とも思わずに、まず当たり前のことだというようにお聞きになっているでありましょう。けれども、自分で顧みますと、たしか大正七年の五月一日でありました。場所はまさしく大谷大学の大講堂、その当時真宗大谷大学といっていました。すなわち大谷大学の校友会——流れを汲んでその本源を尋ねる——尋源会という会の主催で大谷大学の講堂で宗祖親鸞の御誕生会を挙行しました。ちょうど私がある友人と共に、四月中に九州を旅行していたのを聞いて、その帰り道を待ち受けて、そうして御誕生会の講演をしてくれ、こういうお話でありました。その講演の題はどういう題で話したか、はっきり思い出しませんが、壇に立った冒頭に、私は次のようなことを発表しました。それは「私は今日より、親鸞と言えば聖人と言わず、聖人と言えば親鸞と言わないであろう」と、こういうことを発表しました。つまり「親鸞聖人」、そう連続した言葉を使わないということであります。なお一言にして言えば、「親鸞聖人」という言葉は自分には今日以後用がないということを発表しました。

私はそれから以後、その誓いを破って時々「親鸞聖人」という言葉を使うこともありますけれども、大体の方針としましては、ある時にはただ「聖人」と言い、ある時にはただ「親鸞」と言う。いかなる時に「聖人」と言い、いかなる時に「親鸞」と言うかは、これはみなさんは大概ご推察あってしかるべしであります。つまりここには「親鸞の仏教史観」、こういうお席では「親鸞」と申すのであります。しからばどういう時に「聖人」と言うかということは、別に説明をまたないのであります。

世の中の多くの人は、自分の宗旨の祖師の名を呼ぶには必ず「聖人」とか「大師」と、敬称をつけている。「何々大師」、「何々聖人」、「何々禅師」、こう申します。しかるにそれらの人々が自分の宗旨以外の祖師方に対しては、言い合わせたように、ただ名を呼び捨てにしている。いや「日蓮が」、いや「法然が」、と言う。私はちょうどそれと正反対。私は真宗の一僧侶であります。だから真宗以外の祖師方に対しては「日蓮上人」と申し、「法然上人」と申し、「道元禅師」と申し上げるに対して、自分を正しく導き、常に自分の前に現在説法しておいでになるところの自分の祖師に対しては、ただ「親鸞」と申すのであります。というのが大体自分の方針であります。もってそのいかなる所以《ゆえん》であるかということは、別に説明を要せぬのでありましょう。

爾来《じらい》満十七年、今日といえどもあえてみなさんが一般にこれに賛同されるというわけではないでありましょう。けれども、私のこの方針が実際正しい礼儀である、こういうことが自然に一般に承認せられたものとみえまして、大体今日ではそういう具合に、いつの間にやら行われてきているようであります。今日こういう題を私が掲げましても、あれは何宗の僧侶がそういうことを言うのだとお考えにならずに、あれは親鸞を本当に敬うて、本当に親鸞を自分の主・師・親として崇信しているところの人間が話をしているのだ、こういうことをみなさんがご承認くださるようになったということは、この一事だけでも私は、確かに正しいことはちゃんと実行されるものだということの一つの確証となる、こう思っております。

「親鸞の仏教史観」、こういう題目を掲げましたのは、親鸞は浄土真宗を立教開宗したところの祖師である、こういうのが一般の人が認めているところの常識である。ところがこの世の中にはまたいろいろさまざまに考える人があって、いったい親鸞には浄土真宗を開闢《かいびゃく》する、そういう意思があったろうか、もしあったとすれば、そんなことをどこに彼は言っておられるか。ご師匠法然上人の仰せをこうむってただそれを深信するほかに別の子細はない、法然上人こそは浄土真宗を開闢されたお方である、こういう具合に親鸞は言っておられる、というように論ずる人がいる。それも一概にごもっともでないとは言いません。そういう言論を聞くと、ちょっといかにももっともらしく聞こえる。

しかし、いったい誰でもわかり切ったことのように、浄土真宗を開いたとか開かんとか、そんなことを争っているが、いったい浄土真宗を開くとはどういうことか、どうすることが浄土真宗を開くということか。それよりも、いったい浄土真宗というは何事であるか、何を浄土真宗というぞ、その具体的内容いかん。その内容が不明瞭であるならば、したがって、その浄土真宗を開くとか開かぬとかいうことは、われわれが門の戸を開いたり閉めたりする、そういうことのように明瞭ではないはずであります。門の戸というものがわかっているからその門を開く閉じるということもある。けれども、浄土真宗というものはなんだかわからない。えたいの知れないものを無批判に、開いたの開かんの、いったい何を言うのか、大体そういうようなことが自分では考えられます。

私は近来つらつら『教行信証』を拝読しておりますうちに、この浄土真宗とは何ぞや、という問題に当面しました。しかるに、ふと感得したことは、浄土真宗というのはこれは親鸞の体験せられた新しい仏教史観であったのである。親鸞が、正しい仏教史についての見方、つまり仏教史の伝統、仏道展開の歴史の正しい相、正しい仏道の精神、それを明らかにした。だから、浄土真宗というのは、つまり親鸞の感受せられた仏教史観の名のりである。親鸞が法然上人から本願念仏の教えを受けられまして、むろんその時から、おぼろげながらもこの選択本願《せんじゃくほんがん》の仏教史観の原理というべきものが、何と名づくべきか知らないけれども、一つの仏教史の根本精神というべきものがおぼろげにあっただろうが、親鸞は九歳の春の時に天台の慈鎮和尚の門を叩かれました時から、始終悩みに悩んでおられる自己の真実の生死出離の問題が、法然上人をとおして、如来の本願念仏の教えというものによってそこに明らかになった。そうしてさらに法然上人をとおして、その人格をとおし流伝する仏道、すなわち法然上人の教えの伝統、その背景根源というものに静かに遠く深くさかのぼっていかれました。二千余年の昔にさかのぼっていかれまして、親鸞の今日まで二千年の仏教史によって、その二千年の仏教史の根幹、そこにはいろいろさまざまのおみのりの百花が爛漫として絢《けん》を競っております。いわゆる八万の法蔵をもって荘厳せられておりますところの仏道の歴史であります。その仏教発展の歴史、二千年の仏教展開の歴史、その仏教史の根幹となるものは何であるか。それが興法利生の久遠の因縁によって、ついに親鸞をしてはっきりとその古来を一貫する歴史観、すなわち仏教史の根幹精要を内観する心眼を開かしめた。その史観こそすなわち浄土真宗というものであったのであります。

近頃は特に浄土教に関するいろいろの問題がいろいろの方面から提起され、また研究されておりますが、この浄土教に対する論難というものは、もちろん今日の思想界において、特に新たなる意義をもって現れてきたのでありましょう。けれどもしかし、浄土教に対する論難というものはずいぶん古いものであって、インドにおいても中国においても浄土教に対するもろもろの非難あるいは嘲笑、そういうものが昔から絶えず盛んに起こった。浄土教が盛んであれば盛んであるほど、その疑難が盛んであった。つまり、浄土教に対する疑難が盛んであったということは、浄土教の勢力が盛んであったということを最も直接的に証明しているというべきであります。

ここまでお話しつつ、いわゆる「信順を因とし疑謗を縁とする」というこの親鸞のお言葉を、ただいま金子さんがご引用になってお話くださいましたので思い出しましたが、この信順と疑謗というのはなぜか知らないけれども、そこに反対してしかもその二つが必然的に関係をもっているということ、およそ信順のないところに疑謗は起こらず、疑謗の声のないところに生命ある信順はない。もちろん疑謗する人には同時に信順はできない、現に信順した時に疑謗はすでに止む。それにもかかわらず真剣なる信順者のあるところには必ず懸命の疑謗者があり、さかんなる疑謗者に対して疑蓋《ぎがい》無雑《むぞう》の信順というものが成立し、またこの超然たる信順者に対して疑謗というものがいよいよ盛んに興ってくる。言ってみれば、われらの真実浄土の歴史というものは、いわゆる信順と疑謗との常恒不断の戦いの歴史であった。真実浄土の歴史はただの信順の連続ではなしに、信順と疑謗とが不断に相争うところに、浄土荘厳《しょうごん》の聖業の無尽の展開がある。そういう具合に観られるのが親鸞の仏教史観、つまり親鸞は仏教史をそういう具合に観ておられるのでなかろうか。これがすなわち浄土真宗の立教開宗でなかろうか、こういう具合に私は思うのであります。

それで今申しますように、親鸞から見れば親鸞以前二千年、今日までは二千五百年ないし三千年と申すのでありますが、私から言えば二千五百年ないし三千年の仏教の歴史、親鸞から言えば二千余年の仏教の歴史、この仏教史を一貫するところの仏道の根幹というものは何であろうか。

明治以来六十余年間歩み来ましたところの現代の仏教研究というものによって観ると、まず教主釈尊の純一なる根本仏教から遺弟たちの小乗仏教というものになって——三蔵結集《さんぞうけつじゅう》を契機として幾多の部派に分裂して個人的主観的小乗仏教というものになり、その弊の極まるところ、ここに一種の復古運動、釈尊中心主義統一運動として、大乗仏教というものが興ってきた。第一に未来のこの世界の教主弥勒仏出現の要望によって大乗運動は端緒を得、それに次いで東方の阿閦《あしゆく》如来の浄土往生の信仰が興り、最後に西方阿弥陀仏極楽浄土の信仰というものが現れ、ここに大乗仏教運動の志願は成就せられたのであると、こんな風にいかにももっともらしく——もっともらしくと言えば失礼であるけれども、私には確信できないから、もっともらしくと自分の愚かなる感情を表明したまででありますが、そういう具合にもっともらしく、確実らしく、そういう具合にほとんど決定されているごとくに、一般にそういう説が行われている。私は一種の説明としてのそれをかれこれと申すのではありません。そういう具合に説明するのも一つの仏教歴史の説明でありましょう。

けれどもそういう道程方法によって創造される仏教は一つの唯物史観の対象である。仏教唯物史観とでもいうべきものでありましょう。それもたしかに一種の仏教史観に相違ない。けれどもそれは、唯物論の立場に立ったところの仏教史観というものに過ぎないのではなかろうか。つまり仏道の精神を否定する唯物史観、そういうものでなかろうか。私ごとき浅学不徳の者がただひとりこの道理を説きましても、今の世にはいたずらに嘲笑の的たるに過ぎないでありましょうから、これ以上言うことをやめます。けれども、現今、仏教研究の大勢を観るに、だいたいの傾向をいうと、そういう結論に到着する。かくては、ついに一貫した仏教の真理の体というものはなにもないのであります。その史観の上に一貫した仏道精神はなんにもなしに、いたずらに学究的仏教史というもののみが残る。そういう一つの仏教史観も一種の仏教史観にちがいない。

しかし、そういう仏教史観は宗教否定の唯物論という基礎に立って仏教滅亡を説明するところの仏教唯物史観、やはり一種の仏教史観だから、そういう意味において、やはり過去の仏教を説明する学問として価値のある説であるにちがいないと思うのであります。それ以上私はかれこれと申すのでない。やはりそういう一つの立場、無自覚とはいえ、唯物史観の立場に立っているのである。こう言えばもうそれ以上言う必要はないのであります。それは、昔からやはりそういう一種の仏教史というものがあったのでありますが、歴史研究というものがだんだん明らかになって、そういうように従前から無自覚的に歩いていった方針が明らかになってきて、そうして新しく唯物仏教史観というものが今日ではどれだけの程度に成立しているか、私はそういうことは知らないけれども、現今新しい仏教学徒が盛んに論じていることを聞いてみると、相当立派な唯物史観が成立しているのでなかろうかと思うのであります。そういう意味において敬意を表してよいと思うのであります。

それはそれとしておきまして、親鸞の仏教史観においては、あえてかかる仏教史観に一概に反対するのではありません。それらをもやはり内に包んでいるのでありましょう、この親鸞の仏教史観においては。――いったい今日の人の考えでは仏教の真理というものは釈尊以前にはまったくないので、釈尊が初めて忽然として発見されたのだ、したがって釈尊が仏教の根本的開祖であると。もちろんそれにちがいない。私といえどもそれに反対するわけでない。釈尊は仏教の開祖である。仏教はこの意義において釈迦教と呼んで差し支えないのである。この意義において仏陀といえば直に釈尊のことであって、したがって仏教といえば釈迦教である。かくして仏教というのは仏陀が説いた教え、すなわち仏陀所説の教えということである。すなわち仏陀の証、その境界のごとく仏陀が説いた教えが仏教である。すなわち仏所証の法、仏所説の法、こういう具合に一般に考える。

けれども親鸞の言っておられる仏教というものは、単に仏陀が説いた教え、仏陀が悟った教えというだけのことではない。親鸞の仏教はただちに仏陀に成る教えであり、仏陀を説く教えである。仏をして真に仏たらしめ、同時に衆生をして仏たらしめんとする教えである。仏が真仏たる覚証によってすべての人類が平等に仏に成るべき因道を開顕されたのであります。

今日の仏教学者の研究の方針は、仏教というものは仏陀が説いた教えだ。したがってかれらにとってはただ仏陀が説いたか説かないか、そういうことだけが問題になっている。しかしながらわれわれの問題は、仏陀が説いたか説かぬか、こういう事項も一つの重要問題にちがいないけれども、それよりもっと重大な問題は、仏教というものは仏に成る教え、仏を説く教えなのだ。畢竟《ひっきょう》ずるに親鸞の仏教は仏自証の教え、自説の教えである。あるいは仏能証能説の教えである。これら能所の位地をはっきりしておく必要があります。しかるに、このごろの仏教研究というものは、仏に成る、仏を説くということをのけものにして、ただ仏陀がどういうことを説いたか、したがって仏陀が説いた教えから推論してその所証の道を想定するにすぎない。

あるいは言うでありましょう。今日われわれが専心専意仏陀が説いたか説かんかという仏説問題を研究することは、それは仏陀の教説は如説修行すれば必ず仏のごとく仏に成れることを説きたまえることを信ずるからで、いまさらに汝のごとく言う必要がないから言わないのだ、こういうとあるいは叱られるかも知れません。そういうお叱りは私はあえて甘んじて受けても差し支えはない。差し支えはないが、どうも今日でもそういうことを承知の上でそう言っているお方もおられるであろうかと私は思っている。けれども、どうも雑誌とか著述とかいうものに現れている――それも私はあまり機根《きこん》がないものですからたいがいのものは見ません――けれども、仏陀が説いたか説かんかということのみを決めて、仏に成る成らぬという実践の事業はあまり問題にしない。それに傑出したる学人はもとよりそこまできているかも知れんけれども、一般学徒はそういうことはほとんど問題にしないように考えられるのであります。

かくのごとくして、この仏教の研究というものがいったいどこへ向かって歩いているのであるか、こういうことをよくみなさんに私はお聞きする。まあ自分は年寄りでありますから、老人のいらぬお世話でありますけれども、心からそういうことを憂《うれ》うるのであります。今日は仏教復興だの、仏教研究の全盛時代だのと言う。そういう声は盛んだが、どうも、空樽の音高し、酒を飲んで樽が空《から》になる、空になる頃みんなが酩酊して樽を叩いて踊り歌う、もう樽の酒は飲んでしまった、だからして酒を飲んでしまって空樽を叩いて踊り歌うのは自然の道理かも知れないけれども、事によると初めから酒を飲まんものまでが、ただいたずらに踊り歌うものもあるのでなかろうか、そういうような疑いがある。

この頃はまあ仏教の大学だけでなく、公私立の一般の大学で仏教研究の声は盛んである。けれども、結局仏が何を説いたか、釈迦が何を説いたかという問題だけが問題になって、本当に釈尊が何をいかによく自ら証得したか、何をいかに教説せられたかということの実際問題ということは等閑に附せられている。そういう現象を見まして、今日の仏教学というものに対して、多くの真摯《しんし》なる求道者はたいがい失望の愁声を洩らしている。

仏教の大学へはいっている人の中には、われわれは何のためにこういうことをせねばならぬのか、いったいわれわれは何をしているか、自分は何を目指しているのだ、というようなことを、まあ正直に言うと仏教の学校にはいっている人は、俺は何のためにここにいるのか、ということを疑問にしている人はいないように見える。たいがいは顔を見るとわかる。ここへお出でになったお方はそういう方でなかろうと思いますけれども、どうも俺は何をしに来たのであるか、今日卒業したが俺はいったい何をしてきたのだ、六年間、三年間たしかに仏教を研究してきたに間違いないが、いったい何を研究してきたんだと。まあ夢が醒めるというのですか、夢すらも見ることができないというのでありますか、そんなような状態にあるということの、その由《よ》って来たる所はどこにあるかということは、これをもって推し量るべきであります。

話が横路へ行ったようでありますのでもとへ戻しまして、仏教は仏に成る道。仏に成った釈尊はいかにして仏に成ったかを内観し、それにおいて一切衆生の平等に仏に成る道を明らかにせられた。その自証によって一切衆生は仏に成ることができることを能証し能説したもうた。啻《ただ》に仏に成ることが慥《たしか》にできるという見通しだけでなしに、自ら進んで、いかにすれば仏に成れるかという、正しく仏に成る修道を明らかにせられた。それ全体が仏教である。真実の仏教というのは、その中に一貫している仏道の展開にほかならぬのであります。

いったい仏教というものは、一にも二にも釈尊の教説であると考えられる。ただ一概に釈迦が説いたという一点に固執しているものだから、それは単なる唯物論、いろいろ唯物的に歴史の材料をさぐる。経典も紙に書いたものである限り一つの物、それは物であるという意味におきましては、こういうコップも同じ物に違いない。経典を調べて、この物はいつ頃できたものか、そういう具合に考えられる。それの相は物に違いないけれども、教法それ自体は物において、物を通して、物を超え、物に先立ってそこに現れている、そこに具体化されている精神である。そういうものは何であるか。そういうことは問題にせずに、ただ単なる物としてそれを分析し、そこにはどういう思想があるか、その概念化された思想を分析して、この経典はいつごろできたものか、こういう具合に研究されている。したがってそういう具合に研究すればそういう結論になってくるということは当然なことでありましょう。ただ問題は方法論の問題である。

だいたい人間の思想は単純から複雑へとなってくる。いわゆる進化の理法により、教主釈尊は単純切実なる実践内観の道を教えられたに止まる。釈尊には深い哲学的思弁というようなものが極めて卑近な人生日常の事実、そうして何かしれない一種の底力と語に言いあらわせない深みがあるけれども、その力と深みとはいかなる淵源から涌きたったかはまったく解らない。しかし、とにかく説いてあることは誠にごもっともな、誰が聞いてもいかにももっともらしく聞こえる極めて単純明朗な道を説かれた。いわゆる理論的な、もしくは神秘的な道は説かれない。何人も聞いて到達し得べき道徳的実践的な道を説かれた。それがだんだん哲学化し、もしくは神秘化して、そうして大乗仏教というものが起こった。こういう具合に考えられると思います。

そういう具合に考えてくると、衆生が仏に成るということはまったく望みがないことになる。そんなふうに考えられることは、仏に成るという問題が初めからなかったことの事実的証明である。気のぬけたビールのように、初めからこの根本の問題をばのけておいて、ただ物を物として扱う。物を物として扱うのは当たり前のことのようだけれども、物は物だけれどもそれはいかなる物であるかという内容を内観せずに、ただ単に物だ。こうして皮相的抽象的概括的に取り扱って、もっと内面化し具体化した物を知らない。物を類聚化《るいじゅうか》した物として観る見方であります。

そういう方針から言えば、今の自然科学の研究と同じような研究でありますから、自然科学の物と同じように経典というものを観る。今このコップの水を化学的に分析すると、まったく本来の水と異なる酸素と水素と二つになる、しかして本来の水はまったく滅無する。それと同じように経典を扱ってくれば、なるほど今日の仏教研究というものは間違いない。そういう一つの研究方法というものがあるに違いないのであります。しかしかくのごとくして、それがどういう結論になるかということはほぼ考えなくても明らかであろうと思うのであります。コップの水の円成実性の問題は依然として未解決のまま残されているのであります。

わが親鸞の求められましたところの仏道、すなわちわれらの先祖、いわゆる二千五百年ないし三千年の仏教歴史というものはそんなものでない。これはわれら迷える衆生が生命を賭けて仏を求め求めて、そうして遂に求め得たところの歴史的事証であります。われらの祖先が一心にそれを求めて、一向にそれの上に歩み来たったところの仏道々場の歴史であります。決してこの頃の人が考えているように、根本仏教から小乗仏教に、小乗仏教から大乗仏教に、大乗仏教から一乗仏教に、また自力仏教から他力仏教にというように、いわゆる進化発展したる歴史ではないのでありまして、そういう歴史は仏教ではないのである。真実の意義においては仏教否定の歴史であります。真実の仏教の歴史はまさしく衆生が仏に成る歴史的道程、すなわち仏道円成の歴程であります。いわゆる「興法の因うちに萌《きざ》し、利生の縁ほかに催」して、かくのごとくして釈尊を初めとして三千年の間、諸仏菩薩が歩み来たったところの歴史であります。これは絶対に間違いない事業でありました。

それで現代仏教学者のいわゆる、小乗仏教からこれを理論化し神秘化してくると大乗仏教が出てくる。そういうようなことは、それは事実的全生命的要求を除去して、単純なる理屈を考えれば、一応はそういうような理屈も想像してできないこともありません。けれども、そうした結果を想像してきては、三千年の仏教歴史は断じてできない。もとより仏教の体があっていわゆる仏教の歴史がある。仏教のないところでは、いわゆる仏教の歴史は単なる主観的観念の夢でないか。仏教の体験の事実のないところに仏教の歴史を創造しようということは、いったい何を意味することか。まさしく民族祖先の体験において生きているところの仏教という対象において、仏教の歴史という方法が成立する。つまり仏教ということと仏教史ということと、対象と方法と一つなのであります。それだから、時間の中に流れてしかも時間を超越せしめるもの、時間の中に流れるという意味において、それを仏教史という、時間を超越せるという点を仏教と名づける。二者はただ観点の相異にほかなりません。

この仏教というものを明らかにするに当たって、私はいつも領解し易いために例を引いて申すのでありますが、この頃しきりに唱えられる日本精神、従来大和魂と申しましたが、この日本精神というものはいったいどこにあるのか。日本は神武天皇の即位をもって紀元としている。日本の歴史はそれから始まる。しかし、本当の日本は神武天皇から始まったのでない。神武天皇以前は、いわゆる歴史の事実としてははなはだはっきりしてはいないけれども、この神武東征肇国の歴史以前にこの日本の広遠なる根源がある。むろん、その無尽なる源泉は今日まで無尽に涌き不断に流れている。この唯一真実の歴史的事実そのものに日本精神がある。されば、この日本精神というものの意義を明らかにするのは、神武天皇以前のあの神代の伝説記録、そこに日本精神というものの根源がある。

あの神代の年代というものは、それは時間的にこれを求めてみても、空間的にこれを求めてみても、ほとんど時間的にどれだけの長い年代にわたっていることであるか、また空間的に地球上どれだけの広さの間に起こったところの事柄であるか、それは茫《ぼう》漠《ばく》として捉えることはできない。ちょうど夢物語のようである。夢物語のようでありますけれども、それは確実にして疑うべからざる厳粛な事実である。私はそういうことを歴史的事実そのものについて一点の疑いを雑《まじ》え得ないのであります。

このことを申すのはきょうの私の目的ではありません。またそういうことを私は特別に研究しているわけでありませんから、それはそれとしておきまして、いま仏教、仏教史というものに眼を転じますと、仏教というものは釈尊から始まったものだ、昔からこう思い、また言っているけれども、思いますに、仏教における釈尊の位地というものは、ちょうど日本の歴史においての神武天皇の位地に相当してお出でになるものでなかろうか。一概にそんなふうに独断専決してしまう必要もないわけだけれども、まあ了解の便宜上考えますと、たいがいそんなような位地に当たるのでなかろうか。

われわれ仏教を知ろうとすれば釈迦の背景を見よ。この釈尊をして本当に仏陀たらしめ、釈尊が単なる人間釈迦ではなくて、人間釈迦をして本当の仏陀釈尊たらしめ、この釈尊の前に無数の生霊をして南無仏と敬礼せしめずにおかなかったその根拠はどこにある。この大切な問題はそこにあるのでなかろうか。

この大乗仏教はもちろんのことでありますが、小乗経典といわれる中においても、釈尊の本生譚《ほんじょうだん》というものがたくさん伝わっている。それはただ単なる童話的創作的物語でありましょうか。そこにいかなる意義をもっているか。われわれはそれを静かに考える必要はなかろうか、こう思うのであります。

『華厳経』の善財童子の伝説、あの善財童子の求道の歴程、そこに現れてきますところのもろもろの善知識、それは何を意味しているものであるか。『法華経』の本門開顕、またあの地涌《じゆう》菩薩、大地が割れて無量無数の菩薩たちが大地より涌き出た。それは何を意味するものであろうか。それにおいて何をわれわれが教えられるのであるか。したがってこの『大無量寿経』の法蔵菩薩の名による阿弥陀如来の因位果上の物語というものは何を語るものであるか。ここにわれわれは静かに考えなければならぬ一つの重大な問題があるのでなかろうか。仏教は釈尊より起こった、仏教の歴史は釈尊より始まる。いわゆる仏教史というものは釈尊に始まるということは正当であります。しかしながら、その仏教は仏教史以前に仏教の根源がある。源いよいよ遠くして流れはいよいよ長いであろう。流れを汲んで本源の遠きことを初めて知ることができるであろう。

大乗仏教の中の釈尊の本生譚というものにつきましては、それは『般若経』でありましても、あるいは『華厳経』なんかでもさまざまの伝説があります。われわれはそういう伝説はすべて仏滅後に創作されたものとして承認できるであろうか。いったいそういう広大無辺な物語がわずかに仏滅後数百年間にできたものであるか、あるいはそれは幾万年かの仏以前からの伝統というものがあってのことであるか。これはわれわれ深く思いを静めて、真実に仏道を求める人はもちろんのこと、たとえ仏教史の単なる学問研究、いわゆる唯物的理知的研究をするところの人でありましても、そういうことを唯物的に考えてみてもまた多少の価値がないということはなかろうと思うのであります。あえて物としても、相当高価な価値をもっている物だと思うのでありまず。あの広大無辺な華厳三昧の境界というものが、まさしく現今、存するごとき一つの『華厳経』という成立経典として結集《けつじゅう》せられたということは、それはなるほど仏滅後どれだけの年代を経てまとめられたかということは、正しい議論であると思われる。

あるいは、今日わが日本に伝わっておりますところの『大無量寿経』、あの経典が仏滅後いつ頃だいたいああいう形のものにまとめられたものであろうかということは、あるいは今日の仏教学者の言っておりますことは正しいことにちがいない。われわれはそれをかれこれくちばしをいれるべきものでないということは知っております。ただわれわれの問題は外形の問題でなく内容の問題。内容を離れて、いたずらに外形のみをあげつらっている、それはちょうど毛虫が植木鉢の縁《ふち》を回っていると同じことでありまず。これは毛虫が植木鉢の縁をぐるぐるはてしなく回って、輪回《りんね》してついに機根が尽きて死んでしまうというような結論になるものでなかろうか、と思うのであります。

第二講

率直に申せば仏教の根源、仏教は釈尊によって創《はじ》められたものでないのでありまして、何か知らないけれども釈尊というものは一つの従来ありましたところの伝説の中に呱々《ここ》の声をあげさせられたのでないでしょうか。伝説には民族の久しい間の実践実行の根拠がある。また同時に、それは民族の実践実行の底にもっているところの純粋の要求または感情である。その長き深き伝説、そういう深遠《じんのん》なるところの伝説伝統の中に生じて、その伝説伝統を選択統一して、そうして未来世に生まれたわれら一切衆生の歩むべき方針を明らかにせられた。それがつまり釈尊の証、釈尊の出世の位地というようなものでなかろうか、と私は思うのであります。

仏教の真理は釈尊によって創め作られたのでなしに、仏教の真理は始めなく終わりなし。釈尊以前に、釈尊の出世するとしないとにかかわらず、仏教の真理は実に変わりがない。それの種々の観点から象徴化されたる無量雑多の伝説、ただこの混然としておりましたところの伝説、この仏道象徴荘厳の伝説、それに正しい選択と方向とを与えた、それら全体を締めくくって、そうしてさらに新しく行くべきところの方向を与えられた、そこに釈尊の深広無底《じんこうむてい》の自証というものがある。

そういう釈尊の自証というものは、例えば四諦《したい》とか十二因縁《いんねん》とかいうもので、いったい釈尊がそういうようなことをおっしゃったのであるか。釈尊がそういうことをおっしゃったという証拠もあるわけではないでありましょう。もちろん釈尊自ら筆を執って書かれたことはなかったし、また釈尊の直弟子たちが筆を執って書いたという証拠があるわけでもなし、釈尊ご入滅の後に初めて釈尊の説として伝説されているに過ぎないのであります。だからして、それらの例えば四諦とか十二因縁とか六波羅蜜《ろっぱらみつ》、そういう形式というものは、単にある不可思議の境地を釈尊の滅後、弟子たちが古き伝統伝説によって分析再成したのであって、単にこれのみによって仏に成る道というものが出てくるのでないでありましょう。それらが本当に仏道に相応し、仏道の方法としての菩薩道であるためには、それらの法門を裏づけるところの釈尊の背景、背景の伝統というものに照らされ摂取せられて、そうして初めて、何かわからないけれども一つの生命、そういうものがそこにあるのでないか、そのように私は思うのであります。

したがって、大乗仏教というものは釈尊以後に発展生起《しょうき》した仏教ではありません。釈尊以後に発展した、理論化形而上化され、あるいは理想化神秘化せられましたものではなくて、釈尊の一つの自証というものを、釈尊の自証をして本当に自証たらしめるところのその背景、時間的にまた空間的に広大無辺の背景として初めて仏道がある。私は仏土とか浄土とかいうのは、この背景を指したのだと思う。かくして浄土の問題も、少なくともその解決の端緒を得るというものである。

この釈尊の自覚の現在の境地を憶念しますと、その未来は空《くう》の空なるものである。いわゆる空・無相・無願の世界であります。釈尊が自覚の現在に立って、自分の向かう前途を見れば、ただ空の空なるものである。久遠尽未来際の末まで空の空なるものである。無相であり畢竟空《ひつきようくう》である。その境地は空であり無相であり無願である。しかしながら、静かに釈尊を生み出したところの釈尊の過去の母胎、釈尊の内面的背景、それはすなわち諸仏菩薩の積功累徳《しやくくるいどく》の体験の世界である。そこには、祖先の生命を捨てた、しかして祖先の真実永久の生命を得きたったところの体験、祖先の証験し来たったところの無量広大の本願の境地というものがある。この限りなき、数知らぬところの祖先の体験、それを釈尊は畢竟依の大地として、光台として、その上に釈尊は立ちたもうたのであります。しかして彼は、この空にして無相にして無願なる世界を荘厳して、それを具体化しそれを象徴化し、かくのごとくにして彼は千年万年の後までもこれを懸記予言《けんきよげん》したもうた。

懸記予言するということは頭で考えることではありません。予言するということは着々として歩くことである。予言の底には必然の世界がある。しかしながら、この歩き来たった世界は偶然の世界である。この背景の世界は必然の世界ではない。しかし、その照らすところの未来、そこに描き出すところの世界は必然の世界である。釈尊が頭で描き出したというのでなく、釈尊の感得せられた実践、仏教は歴史的実践である。仏道の歴史にこそ真実の歩みがある。常恒に今現在説法《こんげんざいせっぽう》する。単なる八十年の一人間としての釈迦は、それがいかに偉大であっても人間である。

したがって、釈迦が『華厳経』を作り出し、あるいはもろもろの大乗経典を作り出す、八十年というけれども、それから三十五年引くというと、たった四十五年である。三十年を引いたとしても残るところは五十年である。わずか五十年のあいだにあいうものを作り出すということ、それは想像することすらできない。これは現代仏教学者とその所見を一にするところである。しかし、仮に釈尊が千年二千年の命をのばしても、あの広大無辺なる諸大乗経を作り出すことはおそらくできないことではなかろうか、と私は思うのであります。それで、私は現代仏教学者が大乗経典というものを、ただ釈迦出世以後わずか数百年とかいう、そういう短日月の間に創造されたというが、それはそういうものが発展してくる、そういうものが生まれてくる、そういうものが作り上げられてくる、そういうことはただできるものだと独断的に予定しているものである、そう言うよりほかはないのである。

けれども、かかる広大無辺の大聖業はかかる短日月をもってしてできるべきものか、できるべからざるものかということを、われらは思いを空《むな》しうして考えてみなくてはならないことでなかろうか。人々は在るものだからできた、できたからあるのだ、こう言うでありましょう。けれども、できるというにはどうしてそういうものができたであろうか。ただ現に在るからできたと言うのでは解答にならないのでありまして、できたということには、それはどうしてできたのであるか。どうしてできたかということは、それにいかなる意義をもち、いかなる内容をもつかということが、そこに初めて明らかになるであろうと思うのであります。

この大乗仏教というものを生かすその基礎はどこにあるか、土台はどこにあるか。土台は土、その清浄《しょうじょう》純粋の客観的土は、浄土。その大乗仏教を生かすところの浄土はどこにあるか。それはちゃんと経典を見れば釈尊の本生譚《ほんじょうだん》として知られる。だからして釈迦の本生ということは単なる一つの観念とか、単なる主観的感情とか、単なる世俗のいわゆる象徴ではない。正しき意義の象徴ということはいったいどういうことか。私の考えによりますと、象徴という言葉は、それを現代の人はどういう具合に使っているか、ずいぶん乱雑に使われているようである。けれどもこの象徴という言葉は、大乗仏教の経典の言葉にさかのぼって見ると、荘厳ということ。浄土を荘厳する、このお浄土を荘厳するということは、つまり過去の釈迦の背景をもって往く先を荘厳する。また往く先をもって、過去に照らされた未来をもってさらに過去を荘厳する。未来において過去の相《すがた》を写し、また過去において未来の相を写す。この過去と未来を現在というものにおいて統一する。こういうことでないであろうか。

私は、自分には研究とか思索とか体験とか、そういうようなことは知らないのであります。そういうことは自分は何もない。ただあるものは如是《かくのごとき》の人間があるだけである。これが研究であるか、これが思索であるか知らない。ただこういうものがある。こういうものが現在ある。現在あるのはただこれだけである。われらはかくのごとく貧弱な現在であるけれども、これには久遠の限りなき祖先の歩みというものを後にして、そうしていまだ生まれざる子々孫々というものを動かすべき使命をもっている。われらの前途はただ光である。われらの前には限りなき光があり、われらの後には限りなき命がある。

限りなき命に裏づけられ、限りなき命に発遣《はっけん》せられて、限りなき光に招喚せられている。発遣せられるものは限りなき寿命である。招喚せられるものは限りなき光である。光に招喚せられ、命に発遣せられる。命に自分は遣《つか》わされて限りなき光に招喚される。われらの前途は光でありわれらの背後は命である。

もとより釈尊の自覚の光景につきましては、われらごとき者が容易に言うことはできないのでありますけれども、われわれはそのことにつきましては、なおもっと明らかにしなければならないのであります。が、きょうは何だかはなはだ漠然たることを言って要領を得ない、やはり夢物語のようなことを申したのでありますけれども、この仏教史、釈尊をして釈尊たらしめるところのその根源根拠、そこに仏教の根というものがある。その根が深くして仏教の将来の幹は亭々《ていてい》として空に限りなくそびえているし、そうして枝も葉も花も百花爛漫として年と共に月と共に栄えいくということは、その根源が釈迦の仏教は茫洋《ぼうよう》たる釈迦以前というものにあるのでなかろうか。釈迦以前と申しましたけれども、ここに私が以前というのはいわゆる以前ということではないのであります。釈迦の自覚の以前でありまして、自覚しない以前、頭で考えた以前ではないのでありまして、釈迦の自覚の事実としての以前であります。

そういうように観《み》てくる時になると、二千年の仏教史というものもまったく違った天地というものが開けてくるのでなかろうか。今、金子さんのお話になりました分段《ぶんだん》生死《しょうじ》のことばを思い出すと、この頃多くの人の考えている歴史観は分段生死の歴史観であります。しからばすなわち今や仏教は分段生死を受けている。いわゆる華厳・天台が出ると華・天の分野である。その次には禅宗の熱が出ると本来無東西。本来無東西と言っている人間が、やはりどうかするというと方角が善い悪いと言って、西日が部屋へはいると暑くて困る困ると言う弱い人間が、本来無東西とは何事である。太陽とにらめっこができる、それくらいの大見識をもっていたら本来無東西と言われるけれども、太陽を見つめると眼が潰《つぶ》れるような人間が本来無東西とは何事である。そうかというと、西方願生《がんしょう》するなどと言って、どこか先の西方を念願する。いったいそんなことが本当に念ぜられる力があったら太陽とにらめっこができるはずでないかと思います。

そんなことを言うと、あるいはみなさんの中に感情を害して、何だ不都合なことを言う、と腹を立てる方があるかも知れないが、腹を立ててもよい。こういうことはもっと虚心坦懐に道理を明らかにしていかなければならないということを私は言っているのであります。

今日の仏教史というものがまことに貧弱な分段生死を受けている。今の仏教は、本当に仏教らしく分段生死を超えて、分段生死の仏教史から変易生死《へんやくしょうじ》の仏教史というものに転回する道がないか、こういうことが問題なのであります。これは、今、金子さんのお話を聴聞したものだからそういうことを考えたのであります。これは金子さんからのご回向。要するに今の仏教史は分段生死の仏教、仏教そのものが分段生死を受けている。そういう分段生死から進んで本当の変易生死というものを受ける世界がないであろうか。そういうところの本当の仏教史というものがないであろうか。

つまり、私は思いますのに、親鸞のこの仏教史観というものは、今少しそういうような境地を明らかにしていく、こういうことでなかろうか、と思います。

要領を得ないようなことを言いましたが、どうも自分では要領を得ているのだけれども、あまりに要領を得過ぎて、もうちゃんと結論が先に出ているから要領を得ないようになるのであります。きょうはこれだけにしておきます。

第三講

昨日、親鸞の浄土真宗というものは、要するに親鸞の感得したる仏教史観であるということをだいたいお話いたしました。それでこの仏教の歴史は、もちろん釈尊をもって仏教の教主とすることは申すまでもないことであります。けれども、それはあたかも日本の歴史が神武天皇の即位をもって日本の紀元を決めていると同じことであって、わが民族祖先の歩みというものは決して神武天皇に始まったのではない。むしろ神武天皇の即位以前、すなわち神武天皇の背景となるところ、それは空間的にもまた時間的にも測り知ることのできない長遠広大の背景をもっている。すなわち神代という深い背景をもっている。この歴史以前の長い深い背景をもって、その深い遠い長遠無際の自然生活時代の伝説を背景として、神武天皇の建国の大業がふみだされた。そこに日本建国の歴史というものの真実の意義がある。すなわち万世不易天壌とともに窮まりのないところのこの日本というものの根源というものは、まさしく神武創業以前の神代にある。

そういうものを一つの例証としまして、親鸞によって観れば、仏教三千年あるいは二千年の歴史というものには、仏教の教主たるところの釈尊の背景には、時間的にも空間的にも測り知ることのできないところの深広無辺なる背景の源泉があるということを、昨日話をしたと思うのであります。

したがって、この大乗仏教というようなものは、いわゆる根本仏教、あるいは小乗仏教、そういうものから分々段々に発展して、そうしてあるいは理論的に、あるいは理想的に、また神秘的に、いろいろの要求からして、大乗仏教というものが発展し成立した、小乗仏教から大乗仏教が発展したものだ、発展したものだという事実をしいて否定するのでない。ただ、いわゆる発展ということは、いかなる意義においてそういう発展というものが成立するものであるか。ただ発展したものだというだけで尽きている。こういう具合に考えているような仏教歴史、そういう仏教史というものは一つの唯物論的仏教史、それは唯物論的仏教史観という原理を予定して、そうしてそういうことをすでに確実にして、疑うべからざるものと決めているのでないか、ということを申しました。

それは一種の事実であろう。いわゆる断片的積聚的《しゃくじゅうてき》なる唯物論的事実、唯物史観の事実であろう。けれども、唯物史観的仏教はことばをかえて言えば分段生死の仏教、分々段々、きれぎれの事実をもっともらしく寄せ集めて、断片的単純なるものから積聚的複雑なものをだんだん寄せ集めて上手に並べることがいわゆる仏教史というもので、それで仏教なる体験的事実を説明し尽くしたものであるとするならば、それは単なる仏教の形骸《けいがい》の説明であって、仏教の本質の証明では断然ない。外的説明と内的証明というものを、ここにはっきりと区別しなければならないのである、というようなことを話したと思うのであります。

もろもろの経典の中に釈尊の本生、釈尊の前生《ぜんしょう》というものについていろいろさまざまのことが書きつらねられている。それは何を意味するのか。それは単なる主観的観念であるか、単なる想像であるか、単なる概念であるか、そういう一種の単なる人間的要求であるのか。この問題に触れることなく、それらの伝説を無批判に自己の小主観によって、ただちに個人の単なる主観的要求であると独断するのは、要するに一つの説明である。ただ与えられた事実についての一つの説明に過ぎないのであって、事実の事実たるゆえんの証明にはならない。いかに巧《たく》みに事実を積聚し説明したって、説明は遂に事実ではないのであります。事実をして事実たらしめる客観的証明ということによらなくして、それは客観的事実であるということはないのである。説明は畢竟主観の範囲を超えることはできないというようなことを話したと思い出すのであります。

広大無辺な『華厳経』の法界、深遠《じんのん》不可思議なる『般若経』の般若の境界、久遠の闇を遍照するところの『法華経』の本門開顕、また平等一如の法界より無縁平等の大慈悲を垂れたまう『大無量寿経』の法蔵菩薩の本願成就の物語、あれらは単なる孤立せる物語や寓話であろうか。

あの地涌《ぢゆう》菩薩の『法華経』の話は単純なる物語であろうか。三千大千世界の大地が六種に震動して、大地が俄《にわか》に裂けてその黒闇の地底からして無量無数の荒くれ男が、大地を割って躍り涌き出でた。その涌き出でたそれらの人々の放つところの光明というものは、いまだかつて見たことのない荘厳なるしかも新しい菩薩たちが地の底から俄《にわか》に一時に涌き出てきた。いまだかつて見たことのない英気溌剌たる若者どもが躍り出てきた。いままでは文殊とか普賢とか観音とか勢至とかいうような長老たち、年老い徳高く自ら尊び門閥を誇っておりました、従来、もろもろの経典の会座《えざ》において久しく常に上首として高き門閥を誇っていたところの弥勒や文殊や普賢や観音や勢至や、それらの長老はまったくその光を失った。それらの人々の数には限りがある。しかるに新しく生まれて現れ来たところの、何等の氏もなく、何等の祖先の誇り、何等の語るべき伝統もない若き菩薩たち、いわゆる荒くれ男、野蛮人、自然人、そういうような尺寸の布をさえ纏《まと》わぬ赤裸々たる若者どもが、ぞろぞろと渦の巻くように涌いて出た。

これは単なる物語であるか。ああいうことを単なる昔の人の一夕の物語だと考える人があるでありましょうか。ああいう物語は何か知らんけれども一種の観念界、そういうものを描いたものだ、そんな風にすましておられる人間が今日あるか。しかり、現にあり、滔々《とうとう》としてある。これは現代の不思議である。

『法華経』は仏滅後何百年に何処何処《どこ》あたりに説かれたものである、何かの寓意を誰か比喩的に創作したものである。『大無量寿経』というものは仏滅後それからまた幾らか以前に、象徴的にそういうものが誰かによって創作されたものである。さらにさかのぼって『華厳経』、あれは第一に『大般若経』というものが創作されて、それに次いで『華厳経』というものが創造せられた。みなそれぞれ誰か創作したものである。ああこれは何と驚くべきことでありませんか。そういうものが現に存在してあるものだから、何びとかが創作したものだと、具体的なる結果から抽象して原因らしいものを考えて誰かが創作したものに違いない。創作しないものが現にあるはずはないから、必ず誰かが創作したものに違いないと言うだけであって、いったいああいう深《じん》広《こう》なる大智慧海が勝手に創作されるものかされないものか、いったい今日の人々がそういうことを考えられるか考えられないか、そういうことを根本的に反省してみたらどうか、これが問題。善財童子のあの物語だけでもあれだけのことをいったいどうして考えられるものか、ああいうことを考える人があるとしたならば、それはどんな広大勝解《しょうげ》の人でありますか。

それはお前のような凡人は、どうせそういう能力がないのだからそう思うだろう、俺はそう思わん、ああそうですか、と私は言って沈黙します。もうそういう人と語る必要がない。ああそうですかと言うよりほかない。驚きあきれるよりほかありません。

これはたとえまた誰人かがそういうものを創造したとて、それをただ五十年か百年の間にこれこそ釈尊のお説きなされた真実の大乗経典だと言っても、人が信ずるものか信ぜぬものか、常識の判断がつくべきでないか。それは、なるほどすでにそういう立派な内容が久しい以前より伝説せられ民衆の信認するものがあって、ただそれの秩序を整えて、とにかくいろいろと乱れて矛盾していったものを整理して、ある一定のところまで完成した、そういうことが創造だということであるならばそれは正しい。それは肯定できる。しかし、その一切の内容までもある一人とか二人とか、その人々が創作した、そういうことは私には承認できない。承認したくても私の常識にはできない。それは超常識の学者ならば承認なさるであろうけれども、われわれ平凡な常識者には承認できないのであります。

私は常識主義ですから、なるほど単に現に伝来せる大般若思想というものを整理したり、あるいは華厳思想というものをまとめて整理したり、無量寿仏思想というものを整理するということは、六百年なり八百年後に整理したということはうかがわれる。しかしそれ全体を、無より有を創作したものだということは、断じて諾《うべな》うことができないのであります。自分は常識者であるから諾うことができないのである。そういう神秘主義は諾われないのであります。それは、おそらく大乗経典の内容をいかに整理したか、まとめて整理したということでありましょう。だから現存の『大無量寿経』の中にも前後の文字が混乱しているというようなところがないわけでもないし、間違った思想がはいりこんできた、そういうことがまったくないわけでもなかろうと思います。しかし、そういうことは今ここに言う必要はないのである。

何しろああいう大乗経典の内容というものは、おそらく釈尊以前よりの伝説でなければならぬのであります。そういう遠い深い伝説を背景として、その中から釈尊が、ゆかしくもまた勇しくも天上天下唯我独尊と、産声を挙げてくだされたのである。そういう伝説を離れては天上天下唯我独尊ということは、後世《こうせ》の作りごとか詩人の形容詞かに過ぎないのであります。けれども、私はそれが釈尊の背景、大乗仏教にあるところのあの釈尊の本生譚《ほんじょうだん》というものは、釈尊の深い背景内面である、釈尊をして釈尊たらしめるところの根源的背景である、かかる深い広大無辺な光というものの中から釈尊が誕生せられた、そういう伝説伝統の中から釈迦が誕生せられた、こういう時に初めて、釈迦が生まれると同時に天上天下唯我独尊と叫ばれたということも、私には文字のままにすなおに受け取ることができる。われわれ常識者はなにか不可思議な、なにか妙な神秘主義のようなものを捨てて、極めて明るい心をもって、釈尊が天上天下唯我独尊ということばと共に生まれたのである。こういうことをすなおに受け取ることができるのであります。私はこの経典に書いてありますことをすなおに受け取ることができるということは、そういうことの意義でなかろうか。こういう具合に思うのであります。これらのことは、昨日長くいろいろ話したことをもう一遍考え直し、見直してみるとだいたいそういうことになるように思います。

こういうような立場から、法蔵菩薩の物語、西方浄土というような問題にも、昨日少し触れて話しました、西方浄土ということばは言わないけれども、そういうことの原理について話をしたと思うのであります。

親鸞の仏教史観、これを簡単に申しますというと、親鸞によれば親鸞自身まで二千年、仏教二千年の歴史、今日ではいわゆる三千年の歴史、この仏教の二千年ないし三千年の歴史、それの根幹は何であるか。それは『大無量寿経』である。親鸞によれば仏教史の根幹は『大無量寿経』である。仏教の歴史は『大無量寿経』流伝《るでん》の歴史である、三千年の仏教歴史は『大無量寿経』の流伝史である。『大無量寿経』を根幹としての仏の道、仏道というものが歩み歩んだ歴史的展開、すなわち仏道というものが歩を進めたものである。その道が歩むことによってそこに人類が救われたのである。人類が自覚し、また人類が救済されたのである。また人類が解脱出離したのである。

仏道が歴史的に展開し歴史的に歩み、仏道が歴史的に展開することによって、あるいは仏道史を大地として、畢竟の依拠として、それにおいて人類衆生が如是《かくのごとく》に生まれ、またそれにおいて衆生が如是《かくのごとく》に死んだのである。そこから一切衆生が満足して生まれ出で、一切衆生がその中に安《やす》んじて死んで行ったのである。仏道の歴史を母胎とし、また仏道の歴史を墓場として、それにおいて呱々の声を挙げ、それにおいて最後の遺言をして死に得たのである。

そういうふうに親鸞は考えたというよりは、そういう客観的事実を親鸞が承認したのである。承認せずにおれなかったのである。承認せしめられたのである。かくのごとく親鸞は聞いたのである。如是我聞である。私はそういうことを感ぜざるを得ないのであります。

されば、昨日申しましたように、八万の法門蔵は百花爛漫として仏教史上を飾っております。けれどもその百花爛漫たるこの仏教史上の花は、それは『大無量寿経』を根幹として時々に栄え、また『大無量寿経』を根幹として所々に咲き乱れているのであります。常に新しいもろもろの花は永遠にますます盛んに、八万の法門蔵は栄えるだろう。それはその根幹に『大無量寿経』というものがあるからである。『大無量寿経』が流れている。『大無量寿経』が一貫している。こういう具合に親鸞は認めて、その事実を親鸞は信じて疑わなかったのである。こういうように私は申すのであります。

それはなるほど仏教の歴史の上におきまして、例えば仏滅後におきましては部派時代、すなわち二十部等の小乗仏教、教団分裂の時代というものがあって、そこになんら統一というものがなかった。けれどもあの分裂は誰が分裂しているかというと、分裂し相争っているものは坊さんたちである。ただ僧侶が分裂しているのであります。今日宗教界がやかましいやかましいというのは、坊さんがやかましい、やかましいのは坊さんだけ、今も昔も変わらざりけり。いや何某寺がどうだ、何某宗がどうだ、いやがて何某教がどうだ、それは教師とか牧師とか僧侶とか、そういう者が争っているのでありまして、そういう者を無視するというと一般民衆は天下泰平である。これは昔も今も同じことであります。

今をもって昔を知り、昔をもって今を知るべし。いつでも同じことである。真理は変わらないというがいつもそのとおりである。摩訶提婆《まかだいば》という一人の坊さんが擾乱《じょうらん》のもとを播いたというように記されているのでありますが、なるほどそうでありましょう。あれはみな坊さんの喧嘩であります。名は教理によっているけれども実は坊さんの勢力争い、権力の争奪である。そういうことに迷ってはなりません。われわれは小乗二十部の争いというものはいかにも純正な教理というものから分裂したものだ、戒律の問題とか何とかいうものから分裂したものだ、こう言っているけれども、畢竟感情の問題、名利《みょうり》の問題。これは昔も今も同じこと。これは昔の人間は偉かった、今の人間は不都合、そういうわけでない。昔の人間も人間、今の人間も人間、人間に変わりはない、同じことである。

要するに摩訶提婆という何か偉大なる少し変わり者が出てくると、すぐに坊さんたちは彼奴《あいつ》は言うことはなるほど随分面白いけれどもあの人物はそもそも不品行な人間、こういう具合に客《けち》をつける。その人物が不品行であろうが何であろうが、その言うことが真理であるならば真理である。また現在その人間が本当に真面目であるならば、何も過去の古傷を探さんでもよいわけです。けれども昔も今も一人何か偉い人間が出るというと古傷を探す。どうも困ったことであります。けれども、そういう困ったことがどこにもあるものだから、たいがい昔というものもどんなものであるかということは、私は自分の常識をもって推測することができる。

私は常識主義者であります。極めて穏健な常識主義者、あまり穏健なことを言うと奇抜に聞こえるのであります。みなさんには奇抜なように聞こえるけれども私は穏健なことを言う。今穏健に思われている人の方がかえって奇抜なことを言っているのであって、さきほど申しましたように、驚くべき奇抜なことを言っている。私は穏健なことを言うと、奇抜な説だ、こういうふうにみなさんお聴きになるでしょう。静かにいかなるところが穏健、いかなるところが奇抜か、考えるとわかる。

まあ世の中の事柄というものはしっかり考えなければいけません。ただ文字を並べたり、また活版刷の文字をもってごまかされるというと大変間違わされます。実際自分の常識というものに尋ねて、自分の実際自覚というものに尋ねて、そうして一つ一つのことについて、何か学問を振りかざして異安心問題だの、いろいろ偉そうなことを言っているけれども、結局感情の衝突である、結局利害問題であるということは、昔も今も同じこと。

だからしてたいがいの人が何のかんの言っているけれども、そういう者を相手にしないのが本当。そんな者を真面目に相手にしようものならとんでもない目に遇う。人が何か言った、そういう時はよそみをして黙って相手にならんというと、向こうが疲れて沈黙するでありましょう。黙っておればいつも沈黙する。ところが、相手になるというと向こうのペテン、策略にかかったことになる。

だからして、この部派時代において仏教界にまったく統一がなかったと考えるのは、それはよほど皮相な見であって、部派時代、小乗二十部が分裂したとかせぬとかにかかわらず仏教は大乗一味であった。大乗一味は釈尊の時代からずっと一貫している事実でありまして、決して龍樹《りゅうじゅ》・馬鳴《めみょう》によって初めて大乗仏教が興り、仏教が統一されたのでない。龍樹とか、馬鳴とか、そういう人々によって初めて仏教が統一せられたのでなくて、彼らはただ仏教統一の原理、小乗諸部の分裂闘争というものを縁として、そこに新しく仏教統一の一つの道を、はっきりしたのであります。それに過ぎないのである。仏教が純一の流れをもって流れているということは、それは摩訶提婆が五事の妄言を吐こうが吐くまいが、そういうことにまったく関係ないことである。まったく無関係に純一な仏道の歴史というものは静かに象王のような足取りをもって、内に内に展開し流れてきておったということは、これは争うべからざる、疑うべからざることである。

その証拠はどこにある。『大無量寿経』がこれを証明していると親鸞は答えた。親鸞は『大無量寿経』をもって真実の教え、如来興世の真説、一乗究竟の極説である、こう申しました。なぜ『大無量寿経』が真実の教えであるかといえば、浄土真宗を開顕しているからである。浄土真宗の道を開顕した、浄土真宗という一つの道の歴史、道の自体の展開の歴史、その道の歴史の中にあって道の歴史を明らかにしている。ゆえにすでに『大無量寿経』というお経がまず成立してそれから『大無量寿経』の歴史が始まったのでなくて、『大無量寿経』というものはすでに道の歴史の中にあの経ができたのである。すでに道の歴史というものを前提として『大無量寿経』というものがある。こういう具合に親鸞は観ておいでになるのであります。

この『教行信証』の教巻《きょうのまき》の言葉を聴聞しますと、

弥陀《みだ》、誓《ちか》いを超発《ちょうほつ》して、広《ひろ》く法蔵《ほうぞう》を開《ひら》きて、凡小《ぼんしょう》を哀《あわ》れみて、選《えら》びて功徳《くどく》の宝《たから》を施《せ》することをいたす。釈迦《しゃか》、世《よ》に出興《しゅっこう》して、道教《どうきょう》を光闡《こうせん》して、群萠《ぐんもう》を拯《すく》い、恵《めぐ》むに真実《しんじつ》の利《り》をもってせんと欲《おぼ》してなり。（『聖典』一五二頁）

こういう具合に『大無量寿経』の大意というものを述べておられます。極めて明瞭である。この文字はまったく経典の文字である。一つも親鸞の私見を加えぬ。経典の中に経典の大意を見い出した。経典中に経典の叫び声を聞いた。経典中に経典自らその大意大綱綱格を叫んでいる、その叫び声を聞いて、その聞くところの声を写し取って、「弥陀、誓いを超発して、広く法蔵を開きて、凡小を哀れみて、選びて功徳の宝を施することをいたす」。したがって、これによるがゆえに、「釈迦、世に出興して、道教を光闡して、群萌を拯い、恵むに真実の利をもってせんと欲してなり」。ちゃんとつかまえるところをつかまえた。いかなる人といえども、真実に道を求め、真実に道を歩むところの人は、いやしくもその言葉を聞いたならば頭がさがらなければならない。これは絶対の権威をもって道が道自身を語っている。道自身が名のりを挙げている。絶対の命令である。無上命法である。

この『大無量寿経』の本願、本願といっても初め、昔の古いお経に二十四願あった、それがだんだん増えて四十八願というものになった、そんなことを言う人がある。あるいはそうかもしらん、それはそれでまた事実である。二十四願は古い型のお経であるし四十八願は新しい型のお経である。それを否定するのではない。それは、ああいう一つの編纂された経典の型としてはそういう順序であるであろう。それを否定するのではない。それはそのまま肯定して差し支えない。私はそういう一つの唯物的歴史観、唯物仏教史観、そういう一つの史観というものを認める。認めるがゆえにそういう一つの仏教史というものを私は変えてくれと言うのでない。それはそれに違いない、それはそうであろう、けだししからん。けだししからんと、それは承認するのである。

しかしながら『大無量寿経』の四十八願は数の問題でない。数なんかどうでもよい。四十八が四十五であろうと四十であろうと三十七であろうとそれが十一であろうと、何も二十四願が必ずしも必要ないのであって、親鸞はたった八願しか採用していないから、親鸞によれば法蔵菩薩がたった八願を作ってもよい、八願で結構だ。『教行信証』によれば親鸞はわずかに八願を引用している。八願によって真仮《しんけ》、真実・方便、あらゆる問題を八願というものを原理として親鸞はそれを証明しております。八願によって本願を証明しております。したがって八願以外のものはあってもなくてもよいのである。あって差し支えもなく、なくても別に足らぬことはないのであります。あとどうでもよい。

けれどもあの八願だけは親鸞から見れば必然的のものであります。親鸞においてはその一つをも欠くべからざるもの、こういう具合に親鸞は確信しておられるのでありますす。だから何も四十八といって人をこけおどしたのでない。数をもって人をこけおどしして、釈迦に五百の大願あり、法蔵に四十八しかないではないか、五百発《おこ》そうが一万発そうが、そんな数なんかどうでもよい。その内容の問題。四十八願なお多い、八願でよい。もう一つ八願もいらんので、第十八願たった一つでよい、そうも言われる。一つでもよいのであるが、しかしまあまず全きを欲すれば八願である。こういうのが親鸞の領受されたところの境地であったであろうと思われます。

あの『大無量寿経』の法蔵菩薩の本願において親鸞は仏教の原理を見い出した。仏教の原理、すなわち具体的の原理、事実の原理を見い出した。『大無量寿経』の歴史というのは、すなわち弥陀の本願展開の歴史である。こういう具合に親鸞は見い出したのでありまして、『大無量寿経』が真実の教えであるということは、その本願がこれを証明している。『大無量寿経』に現れているところのその本願が『大無量寿経』の真実の教えであるということを事実として証明しているのである。こういう具合に親鸞は信じておられるのであります。

もちろん、そういうことを言っても親鸞の証誠に徹底的に反対する人々もあるでありましょう。それに承認を与えないお方もあるのでありましょう。承認を与えないお方があるから証明の必要があるのであって、初めからみんなが承認したら――みんなが初めからそれを承認するくらいなら初めから本願はないのであります。本願があるということを承認せしめるために本願があるのであって、承認せしめるということは承認しないものを前提として、承認せざるものをしてやがて承認せしめんために、本願というものが開顕されたのである。こういう具合に言わなくてはならないのであります。

だからしてこの阿弥陀仏の本願というものに対して反対するものは、仏教の歴史の上において見るならば、ほとんど仏教の歴史というものは、昨日も申しましたように、この本願疑謗《ぎほう》の歴史であった。まことに内面には本願信順の歴史であるとともに、また外面から見れば本願疑謗の歴史であった。本願疑謗が外に盛んになるほど、本願信順というものが一層内に深められる。本願の信順が深められれば深められるほど、疑謗の声もいよいよ盛んである。こういうことになるのでありまして、疑謗があるからといって、これを疑うべからざるものであります。

こういう一つの論証の道というものは、親鸞もまたこれを認め、それに反対されるところのその旗頭の日蓮上人もまたこれを認めておられます。『法華経』をみんな信ずるならば日蓮上人はいらぬ。みんな信ずるならば日蓮上人はいらんのでない、いないでありましょう。だから疑謗が盛んであれば盛んであるほど、日蓮上人は強く叫ばれるのである。かくのごとき事柄は畢竟ずるに事実問題であって理論の問題でない、実際問題である。そういうことになると思うのであります。

第四講

どうも昨日は序論で、本日はこれから本論を話そうというような心持ちでありましたけれども、いよいよ壇に立ってみればやはりきょうも序論、親鸞の仏教史観序説、すなわち序論というもので、結局序論すなわち本論、こういうことでありまして、本論でも序論でも結局つまり同一事であります。こういうようなことをだらだらと毎日話しても序論、まことに山鳥の尾のようにだらしないようではありますが……。

この頃は何かいうと学界の常識と言います。君は現今の学界の常識を知らんか、と言われます。私には学界の常識よりは人間の常識がまず大事であります。学界にはとかく非常識者が多いから、学界にはまず人間としての常識が大切な問題で、学者とし

て常識があるかないかよりは、人間として常識があるかないか、これが根本でありま
す。

まず常識という言葉の弁解をしておきます。私の常識というのは、人間としての常識であって、学界の常識でない。学界においては非常識者、人間においては常識者。まあこれは一つの説明ではありません、証明でありますから一つのことをあまり諄々《じゅんじゅん》として何だか述べてきたようですが、私は説明じゃない証明です。証明の道を歩いておりますす。だから、つまりみなさんに肯かせるのでなしに、私自身が自身を肯かせるのでありまして、みなさんがおらんで自分だけ肯いたら自性唯心《じしょうゆいしん》であります。みなさんが肯くということは私が肯くゆえん、私とみなさんと同一体。みなさんを肯かしめよう、そういう熱情が自分を肯かせるのであって、つまりみなさんをとおしてみなさんを縁として、私自身を自分に証明する、自証、そういう自証の道を説いているのであります。

いま、阿弥陀の本願が、いまも休息のさい安藤州一さんのお話には久遠実成《くおんじつじょう》という

お話がありました。

久遠実成阿弥陀仏《くおんじつじょうあみだぶつ》　五濁《じょく》の凡愚《ぼんぐ》をあわれみて
釈迦牟尼仏《しゃかむにぶつ》としめしてぞ　迦耶城《がやじょう》には応現する

という和讃があります。そうして、私が述べたことに対してとにかく第十七願、諸仏称名の一つの役を勤めてくだされて、私は非常にありがたく感謝しております。重ねて来場の安藤さんに感謝いたします。

釈迦以前の七仏、この過去七仏ということはすでに『阿含経』の中に示されている。過去七仏というものが書いてある。そういうことなんかも、私はやはり、このまま受け取るのであります。何か知らないけれども過去の七仏の伝統というものが釈尊にある。おそらくはこれは釈迦種族と言いますか、釈迦種族の伝統であろうと思います。それと対比すれば、『華厳経』なんかにあるいろいろの伝説というものは、あえて釈迦種族だけの伝説でなしに、釈迦種族以外のもろもろの伝説で、異種族伝説が互いに触れ合ってきた、そういうようなことでなかろうか。『浄土論』の偈文《げもん》を見ると、宝華千万種《ほうけせんまんじゅ》にして、池・流《る》・泉《せん》に弥覆《みふ》せり。微風《みふう》、華葉《けよう》を動かすに、交錯《きょうしゃく》して光《ひかり》乱転《らんでん》す。

（『聖典』一三六頁）

という言葉があります。そんなものを持ってきて何を証明する、そうみなさんは言われるけれども、「宝華千万種あり」、すなわちこの宝の華、華というのはすなわちもろもろの伝統である。その千万種のもろもろの伝統伝説、それはむろんインドにあるところのもろもろの種族、もろもろの種族がだんだん交際し接触して互いに結婚してきた。人間が結婚するというと伝説も結婚する。人間と伝説とが一つに結婚する。そういうことが考えられる。だからいずれの民族の伝説も、自他内外の諸民族が互いに結婚することによって、伝説と伝統とが交叉し、その伝説がまた限りなく結婚して、そうして新たな世界的な久遠の伝統を照らし出した。そういうようなことも考えられる。

いわゆる、伝説の華が千万種あって、七つの宝をもって造り上げられたところのそのいろいろの華が池や流泉の水を覆っている。そうして白い色には白い光あり、赤い色には赤い光あり、黄なる色には黄なる光あり、青い色には青い光ありというように池流泉を覆っている。蓮華の華と葉とを微風がそよそよと吹いて動かす。そうするとその葉にも光あり、華にも光あり、無量雑多の光が青黄赤白相互に映し交錯する。『浄土論』の偈文は簡単に「交錯して光乱れ転ず」と書いてあるだけであるが、おそらくは、ただいま私が申し述べたような意義を有するものでなかろうか。もちろん私はあえて主張するのではないが、『浄土論』二十九種の荘厳などというものはだいたいそういうようなことを書いたものでないのか。何かあれは単純に美妙なる世界、麗しきかな浄土、などというようなそんな単純な空想的な浄土でないのでありまして、もっと現実的なものを書いた。ただ沈思黙考するという、黙考ばかりしたってそんな浄土は化土であります。

真実報土はそんな化土ともっと違う。そういうように諸大乗経の上にもろもろの伝統があって、それが互いに交叉しまたこれが入り交って、またそれがいろいろに分かれ、そうして無量雑多の伝統というものが互いに交錯している。かくのごとくして私は『大無量寿経』、すなわち阿弥陀如来の本願修行、阿弥陀如来の因位果上の伝説伝統というものは、これはこのもろもろの伝説伝統の源泉主流である。

多くの人はまず十方浄土があって、そうして西方浄土というものを決められたものだ。まず無統一なる無量雑多の浄土観というものがあって、それから十方法界遍満の絶対浄土観というものが出てきて、それから今度西方浄土というものができてきたのだ。こんなふうに考える。こういう考え方は分段生死的の考え方であります。分々段々の断片的観念の積聚《しやくじゆ》結合の考え方であります。客観的証明ではない、主観的説明である。もっともらしいけれども力がない。そういう話を聞いてもなんら感銘がない。はあそうかな、うまく話をしましたな、なかなかうまくごまかすな、ちょっと眉毛に唾をつける。このごろの浄土観についてのいろいろの人々の書いたものを見ると、しばらく眉毛に唾をつけよう、そういうものでないかと思う。

どうも私は十方浄土観があって、それが今度西方浄土に限定されてきた、そんなわけのものでないと思う。これはもろもろの伝統伝説というものが、どれが先だとか後だとか、そんなような前後なんか問題でないのである。ただどれが本当の純正なる人間の宗教的の要求、純正なる宗教的要求の具体化したものは何であるか。それが問題でありまして、後だの先だのというようなことは問題以外のことであります。私が思いますに、それはみんな初めから十方に浄土がある、そんなことを考えたのでないのでありまして、それぞれの浄土というものがある。そうしてその浄土というものは単なる理想でない。それはわれら祖先の歩み来たったところの足跡である。

私は、西方浄土といえば直ちにこの地球以外にまったく没交渉に遠い浄土がある、こんなふうに考えるものに、あえてそれを直ちに正面から反対するのではない。しかしながら、私はつらつら考えてみますというと、いろいろ浄土浄土と言っているけれども、浄土というものは、だいたい地球の上に深い因縁を有するものだ、これが私の出発点。浄土往生といえば何か空気のないところまで飛んで行かないと往生がないものだと思っている。ある人が言うには、浄土という国土は単なる国土でなくて、浄土というものはそこに生まれれば仏道を成就する国がある、そこが浄土である。こんなように言う。それはそうに違いない。違いないけれどもしかしながら、そういう浄土において仏道を成就するという証明はどこにある。この世界では仏道を成就することはできないということは、あるいは事実でありましょう。しかしながら、この世界に絶対的に仏道を成就しないからといって、直ちに西方——十万億土という遠い所へ行って、そこで仏道を成就し得るという証明にはならない。西方過十万億仏土の極楽浄土の信楽《しんぎょう》についてはさらに別に証明を必要とせねばならない。この明証を欠くとき、浄土の信念は独我論的辺地懈慢界《けまんがい》にすぎないであろう。

われわれは、仏道というものも、浄土というものも、この現前の世界の人類のために要求されているのであって、突然何の証明もなくして遠い所に世界があって、そこに仏道を成就する、そんな話を聞いたからといって何の感銘もない。そういう感銘はただ偶然的直接的一時的の神秘主義であります。神秘主義の信仰は観仏三昧の信仰である。それは念仏三昧の道ではなくして観仏三昧の道でなかろうかと思うのでありまず。観仏三昧・念仏三昧という事柄もいろいろ考えがありますけれども、きょう、そういうことを話している暇はなかろうと思いますから、そういうことはとにかくお話をしないことにいたします。

もっとも一週間もこの講演会が続くのであれば、あるいは材料に窮してそんな話も出るかも知れないが、材料に窮しないものであるから、そんな話をする必要がない。材料なんかいらないのであって、こうして話していればよいのである。みなさんの顔が材料、みなさんの顔さえ見ていれば話ができる。たった一人では話ができない。一人で話ができる人もいるかも知れないが、われわれ常識者には人の顔を見ていないと話ができない。みなさんの顔さえ見ておれば、みなさんが話を聞きたい、そういう念願があれば話ができる。これは間違いないのであります。みなさんと私は一つであって初めて話ができるのである。だからみなさんは私の顔を見ておられればもうちゃんと解る。眼をつむって話を聞いても決して解らない。まず私の話を聞こうと思えば、私の顔を見ておられるがよい。私の顔のどこを見るかというと、私の顔の眉間をご覧なさい。ここに白毫相《びゃくごうそう》が見えますか。

白毫相に関して私は一つの見解をもっているのであって、これはちょっと思い出したから一つお話してみましょう。こういうようなことは面白いことであります。また妙なことを言うようだけれども、一遍聞くと、なるほどということが解る。眉間の白毫相、あんなものがお釈迦さまにあったか。思いますに、この二つの眼は智慧の相である、そしてこの二つの眼を底辺、底角としてそこに三角形がある。等辺三角形か二等辺三角形か、あるいは顔によって二等辺になりあるいは等辺三角形になる。馬のような顔の人は等辺三角形、まるい顔の人は二等辺三角形。その三角形の頂点が眉間。みなさん人間の感情がふと動いてくる、感情はどこにあるか、ここ（眉間）にある。みなさんの感情というものはちゃんと眉間を見ていると解る。たいがいの人間は年が行くと横の皺《しわ》ができる、これは仕方がない。けれども横の皺の外に竪の皺というものがある。敏捷なものでありまして、ビューッと感ずるというと竪の皺が出る。竪の皺が出た時に眉間の白毫が曇る。

お釈迦さまの眉間の白毫相、まず外のお経のことは学問がないから一々挙げられませんが、『観経』のことは知っております。『観経』・『大経』はお手のものですから、

『観経』・『大経』であったら間違いない。韋提希夫人《いだいけぶにん》がお釈迦さまに向かって、どうか私に本当に現実に現代の悩める者を救う清浄業の浄土というものを教えていただきたい、こう言うと、お釈迦さまが眉間の光を放たれる。お釈迦さまの眉間から光を放たれたこともあると思います。お釈迦さまも身は人間だから、時には眉間の曇ることがあると思う。しかしお釈迦さまは自我的に曇るのでないのでありまして、われわれの曇るのとだいぶ違うでありましょう。しかしながら曇ることはありましょう。しかしお釈迦さまの曇りはその曇りの中から光っている。われわれの曇りは、ただいたずらに曇っている、それだけ違う。釈尊は大慈大悲の心をもって心に曇りがある。釈尊がそれを聞いてその時に眉間より光を放ったと書いてある。それはそうでしょう、長い間どうしたらよいか、竪の皺を寄せておられた。韋提希夫人が、

我、宿《むかし》何の罪ありてか、この悪子を生ずる。世尊また何等の因縁ましましてか、提婆達多と共に眷属たる。（『聖典』九二頁）

さすがお釈迦さまも微かに苦笑しておられたのでありましょう。曇りがある。とこ

ろがいよいよ、

我に清浄の業処《ごっしょ》を観ぜしむることを教えたまえ、

（『聖典』九三頁）

こう言った時に、釈尊は何か知らないけれども、そこにそういう曇りが除かれて耀きがあった。竪の皺が寄るか寄らぬか、ここに眉間というものの意義があるのであります。これは人間の感情を最も正直に語っているのであります。これはみなさんの顔を一々見るというと皆一人ひとり解るのだけれども、ここから見ても解る、高い所から低い所を見ると皆さんの感情は一々手に取るように解る。解るわけだが本当は解らないのです。

そういうようなものでありまして、これはどうしてそんなことを言ったかいまは忘れました。けれども釈迦以前の七仏の話をしました。とにかく七仏の伝統というものを受けてきた。七仏というのは釈尊が語っている、人は知らない。他の人から見ればそういう七仏の伝統、過去七仏というようなものは、ほとんど誰の眼にも見えないような光です。顕微鏡ででも見なければ見えないような小さい微かな光でありましょう。

それが釈尊の上には広大無辺な光になる。『大無量寿経』を見るというと、

乃往《ないおう》過去、久遠《くおん》無量不可思議無央数劫《しゅこう》に、錠光《じょうこう》如来、世に興出《こうしゅつ》して……

（『聖典』九頁）

私だんだん考えて見ると、「乃往過去久遠無量不可思議無央数劫」というのは何であるかというと、その今は昔、昔の昔のその昔ということ。その今は昔、昔の昔のその昔というものを静かに念ずるというと、昔の長い時間、広い空間において、そこに錠光如来という光があった。それから五十三の光があって、過去五十三仏というものがあった。

こういうことは何か知らないけれども、単純なる釈迦種族の伝統のそのままでないと思う。あれは私は、釈迦種族の伝統と他のいろいろの伝統とが結婚して、伝統と伝統との結婚を機縁として、ああいう久遠の伝統の世界が映し出されたのでないか。正直に言うなら自分にはそういう境地は解らない。ただそうでないかと思う。そうでないか、こう思うと、そうであろうかなあとなってくる。私はそうでないかと求める。

そうでないかと、しかも疑っている。そうでないかと自分に聞くというと、なるほどなるほどと言う。私は自分に言って聞かせるというと自分はなるほどなるほど、如是我聞如是我聞、ちゃんと肯く。私が言えばみなさんが肯かれるに違いない。

釈尊までの間に五十三の光、釈尊の伝統というものは五十三、伝統の歴史というものに五十三の光がある、こう書いてある。過去七仏というようなところがだいたい釈迦種族の純粋本来の伝統であったものと見えますから、それがいろいろの種族の伝統と結婚することにより、このように広遠長久の伝統を映し出して、五十三仏の光明が現れてきたものと見える。もとより五十三仏というものはやはり七仏と同じものである。しかしながら、現れた光景はまったく別種であって、錠光如来、燃燈如来というものが『大無量寿経』の五十三仏においては一番新しい。まず過去の、いまは昔の長い自分の伝統の世界というものを静かに反省内観すると、まずその長い年代において、そこにまず直接に最初に見い出されたものは錠光如来である。そうすると錠光如来といえば一番新しい近い仏に違いない。

こう申しますのは、これは私は『大経』のいろいろの現在伝わっているところのもろもろの訳というものを全体見て、そういう具合に解釈する。そういう具合に解釈するのは当然のことである。その次その次とだんだん上にさかのぼってくる。これは当然である。その次その次というのはすなわちその前のこと。まことにあれは内観の世界、すなわち久遠伝統の歴史の世界を事実のままに照らすというと、最初は一番近く新しい、第二は次で新しい、第三はまた次に新しい、こういう具合にまったく順序を顚倒して読める世界、内的伝統の境界が展開せられるであろう。すなわち「次」というは次第に新より古にかえるのでありまして、そうして一番最古の仏、すなわち世自在王如来という一番古い仏の光に照らされて、そこにおいて法蔵菩薩というものを見い出した。こういう具合に記されている。

私はそういう具合に『大無量寿経』を聴聞する。こういう具合に開顕する一つの論証の世界というものがある。阿弥陀という久遠の仏の相、そういうものがそういうところにしのばれる。

その五十三の仏というものは外観はまことに微《かす》かなる光であり、単なる唯物的論証から見れば、それは物の数にもはいらないものであったでありましょう。しかし、現在釈尊自身の自内証の光をもって照らしてみると、照らされる方は広大無辺であり、照らすものは螢の光である。第三者から見れば五十三仏の光は螢の光であり、釈尊の光は太陽の光である、と讃嘆したのでありましょうけれども、釈尊自身から言えば自身の光は螢の光であり、照らされたところの五十三仏は太陽の光のごとく耀いている。それに照らされて自分というものはそこにある。こういう具合に釈尊は念ぜられ、その念ぜられたままを語られたのであろうと思うのであります。

これは釈尊に限ることではなく何人もそうであるのでありまして、親鸞は（これはまあ後に話をせんならんのだけれども）よき人法然上人の教えを蒙って信ずる外に別の子細なし、自分なんかほとんど問題でないほど小さなもの、法然上人こそ絶大のお光である。法然上人が太陽であれば、これに比《くら》ぶれば自分は螢の光に過ぎない。親鸞の自証の表面においてまずそういうように耀いた。そう耀く時に、そう自覚する時に、太陽の法然上人の光、それがそのままに全体自分の光となるのであります。法然上人を讃嘆している。

歴史的事実としては、歴史の世界においては、それがそのまま親鸞の光としてあるのである。これは民族の歴史の世界であります。単なる独我論なる自性唯心の世界においては、自分が偉大ならんがためには他の偉大なる師友たる人を讃めると損になる。他人を讃めると自分の存在がなくなってくる。ところが人生の歴史の世界においては、本当に自分の師たるところの法然上人の偉大さに打たれれば打たれるほど、親鸞の偉大さが耀き出されてくる。こういう一つの境地というものに眼を開くのが救いの世界、それがすなわち宗教的自覚の世界というものである。こういうような境地を少しばかりでもお話させてもらいたいというのがこの講壇上に立ちましたところの自分の願いであります。

それは自分の願いにほかならないのでありますけれども、その願いというも事実に裏づけられた願いがあるのだからして、その願いがあるという願いそのものは事実を証明して――願いはすなわち事実に証明せられてある、それがまた事実を証明するのである。これは仏教学の上において種子生現行現行薫種子三法展転因果同時、そういう具合に述べてあるのであります。

話がすぐ枝葉の方へ行くようですけれども、枝葉に行くということはすなわち自分においては自分の本源に帰るべきゆえんでありまして、いま申しますのは、釈尊が真の偉大ということは釈尊の背景が偉大である。釈尊から背景を取ってしまえば、釈尊というのは単なる卓越せる一道学者に過ぎない。その証も自性唯心の深大なるものにほかならない。仏教というものは一種の道徳教にほかならない。たいがい中国の老子の『道徳経』などというものと大差ないものであろうと思います。苦・集《じゅう》・滅・道の四諦《したい》という、単にそういう法門だけを考えて釈尊の思想というものを組み立ててみたところで、極めて抽象的なものでありまして、単なる一つの観念主義にほかならない。そういうものはいわゆる独我論的自性唯心というものでありましょう。それは単なる阿羅漢であって、諸仏如来に成ることではないと思います。

例えば苦聖諦《くしようたい》について、人生は苦なりということは、それは単なる自分個人の問題であってはならない、そこに苦なりと自証感応せしめられるところの内在的根源がなければならない。しからば根源の事実というものは何であるか、すなわち歴史的内面的背景である。歴史背景がそれを証誠している。苦なりということはこういうことであります。真実に人生は苦なりと感応道交したら、もうそこには何か知らぬけれども、苦・集・滅・道の四諦と言っているけれども、本当はこの苦諦一つでたくさんなんであって、一諦でよいのである。一諦一諦みな全体である。苦・集・滅・道と四つ寄せて初めて釈尊の自覚ができる、そんなものではないのであって、苦なりというところにもう全体がある。集なり、道なり、滅なり、こういうこと一々にみな全体がある。

それはそれとしておいて、四諦・十二因縁・六波羅蜜等のもろもろの法門はみな歴史的事実として、歴史的事実そのものが釈尊をして語らしめている。釈尊が独我論的に語っておられるのでない。釈尊は語らざるを得ずして語っておられる。釈尊をして語らしめるところにおいてそれが証というものになる。釈尊がそういう道理を考えて語ったのでは説明になる。一切の説明は畢竟独我論を出でない。語らざるを得なかった、語らしめられたるところに自証がある。この語らしめられるところに、そこに本当に語らしめる真理の力そのものがある。かくて過去は厳然として永遠に現在し、したがってそれに裏づけられる現在は永遠に滅せないであろう。

こういうようなことをはっきり今申すことはできないのでありますが、とにかく、私は思いますに、親鸞によれば『大無量寿経』の法蔵菩薩の伝説、これが釈尊を生み出したところの純粋の背景でなかったであろうか。まことにしかり、かく自問自答する。自らあろうかあろうかと問えば、すなわちあるあると応じる。そういう具合に、さらにさらに限りなく問う、限りなく問うところに、限りなくしかりしかり、如是如是と答えているのであります。自問自答はまさしく感応道交である。おそらくこの釈尊の伝説の背景、正統純粋の伝統というものは阿弥陀如来より受けている。阿弥陀如来という仏はつまり釈尊を包摂せる祖先、釈尊は阿弥陀如来の光の中に摂《おさ》められたる子孫なのであります。

もう一つ申しますれば、いったい阿弥陀如来というのは全歴史を包めるわれわれ民族の祖先、われわれは阿弥陀仏光明海中の子孫なのであります。しからば阿弥陀如来はやはり子孫をもっておりますかといえば、私はしかりと答えるのである。あの釈尊のもろもろの伝統は生滅無常の風に吹かれて、あるがごとくなきがごとく、若存若亡《にゃくぞんにゃくもう》の形をもって——それがまた若存若亡であるということが面白いのでありまして、ある時には弥勒《みろく》が現れ、ある時には阿閦《あしゅく》とか大日《だいにち》とか、いろいろの仏が現れている。薬師の十二の大願《だいがん》、そういうものはどこから飛び出したか、妙なところから飛び出してきたのでありましょう。そういうものは幻のごとくに消えてしまった。つまり仏教の歴史の流れの中心から消えてしまって、ただあるものは古紙のような経典に文字が残った。文字が残ったけれどもその生命はなくなってしまった。薬師さまは何か知らないけれどもわれわれの祖先、何か知らないけれどもわれわれの祖先の、何か一つの故郷《ふるさと》に違いない。

私はそう思うのでありますが、それで廟《びょう》というようなお話、伊勢の大廟とか、また親鸞の本廟というようなお話がある。私は東山のあの五条坂の所へ行きますと、大谷本廟という石の大きな標が立っている。なるほど大谷の本廟にてましますかと思う。ところがまた私は東六条のあの本願寺の山門を仰ぎ見るというと、真宗本廟という額が高くかかっている。真宗の本廟にてましますかと思います。東山の大谷本廟を仰げば本廟はお墓のことかと思う。ところがまた東六条の真宗本廟は墓のないところにも本廟がある、おもしろい本廟。本廟ということもおもしろいことになる。廟に二義あり、一つには骨を埋める墓、二つにはご真影《しんねい》を安置する殿堂。この中どちらが根本であって、どちらが枝末的のものであろう。その二つは二にして不二、二にして不二なるところに本廟というものがある。

こういうように考えてくると、東西両本願寺というものの争いは根本的に止むのでなかろうか。西本願寺は東山大谷に大谷本廟という石碑を建てているし、東本願寺は東六条の大師堂（御影堂）の正面（山門の上）に真宗本廟という額をかけている。われわれは両本願寺から本廟の二つの意義を教えていただいた。この二つをよく憶念してみると本廟の意義が何か知らないけれども、自然にはっきりしてくるのでなかろうか。そういうことは今はくわしく申しませんが、それは一つの問題でありましょう。これは謹んで両本願寺の学生達に一つの問題として提出しておくのであります。

とにかくこの廟というのは墓、廟塔、塔はすなわち廟。塔廟というのは東寺などの五重の塔、あれらは仏の一つの廟である、そこは永遠に死なないところの魂のある所である、こういう具合に考える。また、それはもうまったく死んで骨になってしまった所が廟というものだ。親鸞が、自分が死んだら屍を鴨川に流してくれと遺命されたにもかかわらず、その骨を奉安した所を本廟という、まことにごもっともである。すなわち本廟とは親鸞がこれにおいて寂滅しておられる所が本廟であると同時に、親鸞がこれにおいて永遠に現在説法しておられる所が本廟である。彼が永遠に死んで行かれた所が本廟であると共に、彼が永遠に生きておられる所が本廟である。

永遠に死ぬということが永遠に生きるゆえんの機縁だからして、骨のある所が本廟であるのは、永遠に彼がそこにおいて寂滅していることを象徴し、また、ご真影奉安の殿堂が本廟であるのは、彼が永遠にそこにおいて興法利生の仏事に生きておられることを象徴する。死ぬも生きるも、死を得しめ生を得しめる畢竟依処があるからである。死ぬと生きるとは外観からすれば正反対であるけれども、それにおいて自由無碍に生を得しめ死を得しめる、その場所は一つである。その根拠は一つである。その根拠は何であるか。すなわち如来の本願念仏である、その如来の本願の歴史である、如来の本願の展開の歴史である。そこにおいて親鸞は前念命終《ぜんねんみようじゆう》された、同時に親鸞は後《ご》念即生《ねんそくしよう》せられた。金剛の真信はまことに前念命終の心境であり、即得往生はまさしく後念即生の境界である。こういう具合にあの二つの本廟が手を握ってそうして即便微笑して語っているのでなかろうか、こういう具合に私は申したいのであります。

今申したのはもろもろの仏、あのもろもろの仏というのはたいがいみな過去の墓場であります。薬師如来だの大日如来だの、どこのお薬師さま、どこの大日さま、それはそういうことを言ってはなりませんけれども、まあ多くの仏というのはたいがいみな過去の何か先住民族の墓の墓印である、墓銘である、墓に彫ってあるところの墓印である。

こういう具合に考えてきますと、いろいろの諸仏が昔のわれらの祖先の何か知らないけれども、すでに滅亡した種族の魂の墓が大蔵経の中にたくさんのこっている。記録されてのこっている。けれどもそれがすでに滅びた異民族の伝説である。それが阿弥陀の久遠本願の歴史というものに帰入統一せられることにより、新たに永遠不滅の生命を得る。こういうことになるのでなかろうか。すなわち第十七願の諸仏称名の願のある一面はまさしくこれを語るものであります。第十七願こそは古来中外の一切の宗教哲学の帰一を証誠宣言するものである。すなわち第十七願の諸仏称名の願を『大無量寿経』に宣言して、

たとい我、仏を得んに、十方世界の無量の諸仏、ことごとく咨嗟《ししゃ》して、我が名を称せずんば、正覚を取らじ。（『聖典』十八頁）

と。これについては前から考えていることがあります。こういう堂々たる本願——堂々たる本願といって、こういうふうな言葉に書き表されるようになったのは、それは

おそらくはよほど後世のことだと思います。いったい文字ができたのはどこの国でもよほど後代のことだろうからして、あんなぎこちない文字で書かれてあると、現代のわれわれが見るとずいぶん古典的だ。けれどもこれを書いた人間の時代には極めて新しい言葉であったに違いないと思う。親鸞の時代にはこういう言葉はすでに古典的になっていた。古典的で死んだ文字である。死んだ文字であるが、親鸞はそれにおいて新しい生命、精神をそこに汲み取った。親鸞においてはそれが生きた事実であった。

第十七願というものは十方諸仏が我が名を称せずんば正覚を取らぬ、天にましますか無量十方諸仏、私は長い間そういうものを冥想しておりました。天地東西南北四維《ゆい》上下、そこに充ち満つるところの十方恒沙《ごうじゃ》の神仏たち、というように冥想し観念しましても、何だか知らないけれども、それはただ単なる妙な一種の神秘的な感情に触れるだけで、それは大千世界に震動する生きた叫びになってこないのでありました。

かつて村上専精という偉大なる仏教学者がおられましたが、この村上専精先生が一代の名著『仏教統一論』の、何冊目だか知らないけれど「十方恒沙の諸仏よ」と言って序文に書いてありました。けれども、私は何を放言しているのだと冷笑して読んでおりました。おそらく村上先生は天の星座を仰いで十方諸仏と言われたらしい。私も以前はそんなふうに思っていた。そんなものでないということは、親鸞の現生不退、平生業成、現生正定聚《げんしょうしょうじょうじゅ》の道というものをたどっていくと、単に天を仰いで十方恒沙の諸仏というがごとき神秘主義や観仏三昧でなかった。親鸞はあそこにおいて念仏三昧を見い出しているのである。こういう具合に知らさせていただきました。この「十方世界の無量の諸仏、ことごとく咨嗟して、我が名を称せずんば、正覚を取らじ」というのは、それは単なる天上の観念でなく、まさしく地上の大行としての諸仏である。単なる天上の自性唯心の諸仏ではなくて、十方、東西南北四維上下、こう申しますけれども、東西南北四維上下というのは全体みな地上の歴史を組織する仏である。現在に地上に立脚しているところの仏である。まことにはっきりと親鸞はこの大事実を認められたのであるということを、私は今こそ明らかに知りました。

だからして十方世界の無量の諸仏というと、人々は何か天の四方八方を仰いでどこか遥かなる所にいるようにいたずらに要望しているのであろうけれども、今こそ私は歴然としてもろもろの仏菩薩はこの地上を歩いている。われらが足をもって歩むこの地上に諸仏は現に生きて同じく足をもって歩いていることを、歴史が語っているのであります。すなわち日蓮上人の言葉をかりて言えば地涌《ぢゆう》菩薩、地から湧き出たところの菩薩であります。いわゆるインテリなどというものは、たいがい久遠の地涌の菩薩ではなくて、突然として天から降ってきたものであります。それは下駄を履いて歩いているけれども足が宙に浮いているのがインテリであります。それはやがて個々に滅亡すべき階級である。本当に永遠に生きる者は地から涌いた地涌菩薩でなければならない。その地涌菩薩でおられるもの、それがやがて仏と成る。

これらのことはまだ明瞭にしなければならないのであるが、ひるがえって、あの阿弥陀の四十八願というものも、おそらくは親鸞以前の多くの人々は、あれはみんな過去の何か旧暦のような、何か神秘的な世界を語るものとして、考えられていた。それが親鸞においては、まさしく今日の地上の歴史を語っている。およそ大地にあるものはみな現在である。過去も現在であり、未来も現在であり、かくて現在が真実に現在である。大地というものに基礎を置かないものは現在も過去であり、また未来であって現在ではない。いわんや過去いよいよ過去の過去であり、未来もいよいよ未来である。大地のないところに現在はない。大地に足を立てているところに久遠永劫の現在が刹那にある。

ただこの大地に足で立って、われわれはこの足をもって大地をふんでみる。どういう音がするか。自分で生きているかいないかということは、足をもって大地をふんで見れば解ります。大地に足跡がくっつくかくっつかないか。自分の現在ということは、ただ足をもって大地をふんでみるということによって証明されるのである。親鸞は十方無量の諸仏というものは、みな大地をふんでいるものだということが見えてきた。

親鸞の念仏、親鸞におきましては真実仏教歴史のことごとくすべてがみな大地に関係し、みな大地を歩いた記録でなければならない。こういうふうに真の歴史においてのみこの大地はわれらの祖先がそこに骨を埋め、われらの祖先がそれにおいて呱々の声をあげ、われらの祖先がそれにおいて血を流したのである。われらの祖先の骨も血もみな大地から出たものである。大地から見い出されたものである。そういうことを親鸞ははっきりと認める。あの大乗経典というのはすなわちそれを示すものであって、ただ天上の空想を書いてあるのでなしに、まことに無碍自在に天上のことを語っているのも、それこそ地上に深厚の関係をもっているからである。真実に大地において天の理想の血肉を観たからである。地というものに関係のない天というものは何の意味もないのである。こういうことで一たび地というものに眼を開けば、初めて本当の天、天はすなわち現在せる未来であり、地は現在せる過去である、したがって過去未来であるけれども、しかしながら、それはこの現在刹那というものの内容である。したがって現在の過去、現在の未来である。現在の現在刹那という機微に触れて、現在せる未来と現在せる過去というものを、われわれは初めて証明することを得しめられるであろう。

全体浄土に形相があるとかないとか、方向があるとかないとか、形のある浄土、形のない浄土、そんな浄土に二つあることのないことは申すまでもないのであります。浄土などということも、すなわち形のある浄土と形のない浄土というものが一つだということ、それは説明ではなくて、それは現在の自分の歩み、すなわち行というものが証明するのである。そのほか何もない。だから私はさきほど申しましたように、おそらく法蔵菩薩の歩みというものは地上の歩みであろう。この地上に深く深く、この地の中心、すなわち底つ岩根にしっかり足を踏み込んで、そうして一歩一歩歩き来たった記録が、すなわちこの法蔵菩薩の五劫兆載永劫《ちょうさいようごう》の本願修行の伝説の記録である。だからしておそらくは、われらの祖先として阿弥陀仏というものはほとんど眼に見えないような光であろう。それは、太陽の光は何人も眼に仰ぐ光であるけれども阿弥陀如来の光明は眼に見えない光であろう。そういう光に包まれつつわれらの祖先は一歩一歩体験の旅を続けてきた。そうしてインドのある所においてわれらの祖先は足を留めてそこに悉達多《シッダッタ》太子というものが生まれた、そういうことでなかろうか。だからして突然として西方十万億の彼方の浄土と聞けば、われら民族の生活と没交渉のように感ぜられるであろうが、祖先の伝統の中に生まれたる感銘満てる私には、何か知らない体験の記録として地上に深き歴史的根拠をもっている、地上に必然の根拠をもっている記録に違いないと決定いたします。その地上の根拠をわれらは自覚の眼を開く時に初めて大胆率直に天上というのである。

天上の純粋無形の理想界というものは、そのままに地上においてその純粋なる形相《ぎょうそう》に象徴されるから、地かえって形なく天かえって形ありて、天地畢竟一体になる。天は地にかたどってあり、地は天にかたどってある。そこに「是より西方十万億の仏土を過ぎて世界あり」、そういう言葉が生み出されてきているのでありましょう。ただ沈思冥想して、この世界そのものが駄目なのではない。煩悩具足の凡夫《ぼんぶ》によって火宅無常の世界があるのである。われわれは自己の煩悩を忘れて、いたずらに火宅無常の世界を口にしないのか。自己の煩悩を自覚せずに、いたずらにこの世界をそのまま肯定して浄土とし、そこに仏に成られると、こんなふうに考えたらこれは間違いでありましょう。

しかしながら、単純にこの世界は火宅無常にして絶対的に駄目だと独断して、それを唯一の事由として、遠い所に浄土というものがあってそこで仏に成れるのだろう、そんなふうに考えたならば、まったく現実と没交渉なところで仏に成ることであって、それは何のための仏でありましょう。そんなところで仏に成ったたっていっこう仏の精神というものは死んでしまうであろう。そういうことをわれわれは本当に静かに念じて、浄土の問題を真剣に取り扱わねばならない。いい加減のことを言ってお茶を濁したって、それは彼等自身は浄土教のための殉教者だと思われるけれども、そういう人間が浄土教を叩き潰しているのでなかろうか。

こういうように、私は一種の暗示的なような言葉を申しておりますけれども、とにかくわれわれの祖先の歩みという、つまりこれは物質的である。歩みは物である。しかしながら、その物によって形而上心がかたどられる。物によって心が象徴される。物は心の象徴である。物は心の形相である。物は心の具体化である。物に対抗して心という特別の存在があるのではなくて、形のある物において形なき心が回向表現する。

物によって心がかたどられ荘厳される。物にかたどられて心がある。したがって心の本性は物に象徴せられつつ、すなわち物を否定しそれを超えて心は常恒《じょうこう》に形がない、真心は常に無形である。物を超えて常に無形のゆえによく物にかたどられて、形ある物において形なき心が初めて真実に表現回向するのである。物によりしかも物を否定して、そうして物において永遠に一切の形相を超えたる心それ自身の面目が表現回向せられるのである。私の浄土観は浄土史観にほかならないのであります。

さきほどからいろいろと混雑したことを申しているけれども、畢竟ずるに、阿弥陀如来の本願によって釈尊がある。釈迦という一箇の大人物があったかないか、そういうことは問題の中心ではない。釈尊という仏陀があったということは、釈尊をして直ちに仏陀如来たらしめている歴史的背景の問題であります。釈迦という単なる人格、そういう問題ではない。釈迦という人格をあらしめた仏道の問題。釈迦をして真実の釈尊たらしめ、釈迦をして本当の仏陀たらしめ、釈迦をして真実の如来たらしむるところ、そこに本当の仏法の歴史があり、弥陀弘誓の歴史というものがある。仏道の歴史の中に釈尊は誕生したもうたのでありまして、誕生したということはすなわち成仏するゆえんである。すなわち釈尊は実在にして同時に釈迦は阿弥陀仏の応化身《おうけしん》である。弥陀本願の応化身としてのみ釈尊の出現の大使命があるのであります。

静かに私は『大無量寿経』を拝誦《はいじゅ》いたします時に、仏教の根源は深く厚い、仏教の起源は悠久であり広遠である。その深き自覚の歴史の中に、それ全体を統一したお方が釈尊であらせられる。されば釈尊を通して釈尊以前の世界というものがそこに煌々として照らし出された。釈尊によって照らし出されたところの久遠の純粋の世界というものは、それはもともと釈尊を照らし出したところの久遠の光である。釈尊が久遠の光に照らされたということそのことが、すなわち久遠の光を照らし出したということであります。そういうようにして釈尊からして初めて、明らかなるところの仏教の歴史というものが、そこに開けてきたのであります。

かくのごとくして、釈尊の時代においては何も記録はないのであるし、また釈尊の自覚において、また釈尊の言葉をとおして出てきたところのものはどういうものであったかというと、それは想像することさえできない。いったいこの四十八願という、そういう形のものがあったのかないのか、それはわからない。またそういうものがある必要はない。それはなくとも可なり、またあっても邪魔にならない。とにかく何か知らないけれども、原始的な素朴な一つの伝説というものが長い間続いてきた。

昔の人は記憶がよかったという、それは記憶がよいのは当たり前である。昔の人は記憶がよかったが今の人は記憶が悪いという、しかしながら今の人だってみな記憶が悪いのではないと思います。今の人だって昔の人と同じ深い記憶というものをもっている人があるはずだと思います。昔の人は何も記録せずに言葉から言葉へ伝えてきた、まさしくまったく自証の世界、昔の歴史は自証の歴史であった。それがだんだん人間の機根が衰えてきて、それを何か文字経典の形に結集しないと消え去ってしまうであろう、そういう要求から文字経典というものが完備してきたのでありましょう。文字が生まれ、そうしてまた経典というものが完成してきたのでありましょう。文字が完全になってきたから、そういうものを書き取る便利がよくなったのであろうと思われます。つまり長い間伝説として伝わっておりましたところの伝説的経典というものが文字に書き表され編纂されまして、そうして一つの文字経典というものができたのでありましょう。

そういう意味において、今の『大無量寿経』は仏滅後何百年ごろできたであろう。そういうようなことを考えるということもまた可能であるし、またそういうことを言っても、だいたい間違いないと言っても差し支えないのであります。しかし、それは単に一つの説明である、証明でも何でもない。何の自証もない説明であります。説明であるからして、そういうものは必然性をもたない偶然的蓋然的のものにすぎない。われわれはたいがい何か一つか二つ理由をあげるというと、十分に反省もせずに直ちにそれをもってものを説明しようとする。何か一つのことから考えて直ちに結論を作る。

このごろ、例えば病気でもすると、直ちに天理教とか人の道教団とかいうものの訪問を受ける。しかして彼らは、お前のうちに病人があるそうだが、だいたい病気というものは天理に背き、または人道を踏みはずしたことをするから出てくるという。そう言われると絶対に天理に背き人の道を踏みはずさないと自惚れえる人間は世界に一人もないはずですから、どんな人間でもぎくっとくる。そう言われると思い当たることがいくらもある。お前は人に迷惑かけたことはないか、お前は親に不幸したことはないかと問われると、なるほどなるほどとみなうなずく。それから強制的な説教を始める、しかしてみんなすぐにふらふらと引っかけられる。つまりそれはどういうわけであるかといいますと、そういうふうに現今の学問、すなわち自然科学的研究法と同じ考え方にちゃんと合っている。今の時代の指導者たちは、学問すると迷信に陥らないと言うけれども、事実は反対で、学問すればするほど迷信に陥る。

今の迷信は自然科学のロジックと同じ形式のロジックでありますから、お前は親を苦しめたことがあろう、お前はいつかご飯食べるのに小言を言ったことがあろう、容易にありそうなことを百箇条ぐらいあげると、たいがいの箇条はほとんど当たるに違いない。そんなことで遂に頭を下げるでしょう。お前は電車に乗った時に只《ただ》乗りしたことがあるだろう、いやあったに違いないぞ。そう言われて、なるほど考えてみると、只乗りするつもりはなかったけれども、あまり混雑してとうとう切符が買えないものだから、遂に切符を買わないまま人に押されて電車を降りた。その時は切符を買わないでしまった、そういうことはもちろん善いことではないが、大した悪いことだと思っていなかった。それはおそろしい罪だと責められると大抵ぎくりとする。これは天理に背いている、人道に背いている、かくのごとくして天理・人道がこのごろはびこってきた。

つまり言ってみると、私どもは学問の方法というものを、もっと真面目に考えていかねばならない。そういう学問の方法というものは本当のものか、またそういうものは駄目なものか。思うに、それは説明の方法であって証明の方法ではないと。人々は説明を証明だと考えている。そんな学問をすればいくらしたって人格は同じこと、もとの木阿弥。そういうことはわれわれの人格の向上というものに関係ない。人格に触れないものは説明であって証明でない。証明というものはその人格に響かなければならない。本当に人格に喰い入らなければならない、人格を目覚めさせなければならない。これをもってたいがい一端を推し量るべきものでありましょう。

それでこの親鸞の道というものは自証の道である。そういう説明式の天理・人道の教えと違う。親鸞の道は弥陀の本願の道、本願展開の久遠現行の歴史の中に交錯している。その歴史の中に生まれ、その歴史の中に生き、その歴史の中に死んだ。歴史の中に生きた、それが現生正定聚であります。歴史の中に死んだ、それが無上涅槃である。この阿弥陀の本願の歴史において生きた、生きたがゆえにすなわち彼は現代において生きて正定聚不退転である。またしたがって彼はこの歴史において静かに骨となって眠ることができる、それはすなわち必至滅度《ひっしめつど》である。それは観念ではない、事実である。こういうことでありましょう。

つまり仏教三千年の歴史は『大無量寿経』流伝の歴史である。『大無量寿経』流伝の歴史というのはすなわち念仏流伝の歴史である。念仏の歴史の中に『大無量寿経』というものがだんだん完成して来たったのである。『大無量寿経』というものは念仏の歴史、念仏の方が『大無量寿経』よりもさらに根本的である。初めに名号があった。

すなわち『大無量寿経』に先立って如来の本願があった。本願に先立って名号があった。まず名号があって、そうして本願があって、そうして『大無量寿経』があった。『大無量寿経』は忽然として出たのではない。『大無量寿経』はその本願念仏の歴史の中に完成し来たったのである。歴史の中に『大無量寿経』が成長したのである。歴史的事実の中に成長したのが『大無量寿経』である。

それで言語として伝説としての『大無量寿経』はすでに久遠の仏道の歴史の初めからあったのでありまして、『大無量寿経』というものがだんだん完成してきたのでありましょう。そうしてある完成の時期において、すなわちある段階において文字というものに書き表されたのでありましょう。それが文字に書き表されているというとだいたいにおいては固定するもの。だいたい固定するけれども、しかしながら単に固定しておらない。それがまた文化というものにしたがって成長してきたに違いない。『大無量寿経』は成長せる経典である。経典の成長というようなことを私は思うのであります。経典は成長するものである。

物語は成長する、成長せる物語。文学は成長する、そういう具合に聞いております。文学は歴史の母胎の中にだんだん成長している。やはりこの経典というものもそういう具合に成長するのでなかろうか。『大無量寿経』の文字はもう今日すでに固定している。また固定しても差し支えない。けれども『大無量寿経』の内容は幾らでも無限無量無辺に内に深められる。深められるのはそれは自身自ら深まっていくのでありまして、われわれが深めていくのじゃない。われわれは『大無量寿経』が深まっていくところの一つの機縁、一つの動機、機というものでしかないでありましょう。

思いますに、本願と念仏、この問題はさらに明らかにしていかなければならないのであります。本願と念仏というような問題がここに出てくるでありましょう。とにかく本願念仏の歴史、つまり如来の本願展開の歴史、本願が自ら展開したところの歴史、その本願展開の歴史の中にわれわれが呱々の声をあげ、そこにわれわれは生き、そこにおいて呼吸し、そこにおいてわれわれは骨となってもとの土に還る、こういう歴史であります。それがずっと伝統してきているということは、これは私は非常に不可思議の感に堪えないのであります。

もっとその問題についてお話するとよいと思うのでありますが、少し疲労したようでありますから、きょうはこれだけで御免こうむっておこうと思うのであります。自分が疲労して話をするということは、みなさんを疲労せしめるのであります。私が疲労を忘れている時はみなさんも疲労を忘れている、私が疲労を感じた時はみなさんもご同様疲労を感ぜられるだろうと思いますから、途中で止めるようでありますけれども、きょうはこれだけで。

第五講

昨日は、浄土真宗というのは親鸞の仏教史観である、ということを話してきたのでありま す。すなわち親鸞によりますと、二千年の仏教史の根幹は何であるか、二千年の仏教史の根幹はすなわち『大無量寿経』伝統の歴史である。それはすなわち念仏流伝の歴史であり、如来の本願展開の歴史である。こういうような意義をだんだん話をしてきたのであります。

それで、仏教の歴史というものはその時代というものを三つか五つかに区別している。昔から正法、像法、末法というようにして、正・像・末の三時というような区別が行われています。昔から、親鸞が伝えておりますところによりますと、正法は教法と、それの如説修行と、行による教法の証得と、この教・行・証の三つの法が完備している。仏滅後五百年間はだいたいにおいて三法完備の正法時代である。それに続いて次の一千年のあいだを像法といいまして、その時代におきましては、教と行との二法はあるけれども、その行を満足することができない。すなわち証を得ることができない。またその次の末法万年という時代は、ただ教えという教法だけはあるけれども——教法はあれどもこれを教えのごとく如実に修行しようとするものすらない。したがって教法の精神を体験するということは末法においては必然にないのである。こういう具合に伝えられているのであります。それが新しいところの仏教研究の方法なんかにしても、仏教の年代というものをいろいろに区別しておられるでありましょう。

だから、そういうふうに年代をだいたいにおいて区別するということは、別に間違いはないと言っても差し支えないでありましょう。しかし、そうであるからといっても、仏教の大精神というものは淳一に相続しまして、むしろ形式の上においては、だんだん仏教というものは堕落し衰微し破壊する。教団の形というものは日に日に乱れる。それにもかかわらず仏教の大精神というものはむしろ逆に、これを縁としこれを契機として、いよいよ深く深く展開されていく。きようはそのことをだんだん考えて話したいと思うのであります。けれども、仏教の精神はそういう具合になっていく。

昨日ははなはだ乱暴な言い方をしましたけれども、例えば、仏滅後三百年なり四百年なりのあいだにおきましては、この仏教々団というものが小乗二十部というような部派に分裂して互いに争った。そう言う争いというものは畢竟ずるに、名を教えの真理というものにかりて、その実は僧侶たちが権力の争奪ということをほしいままにしているのである。こういう具合に申したのでありますが、しかしそう言ったからといって、私は単にいたずらにその当時の僧侶たちが権力の争奪ということばかりにふけっていたと、そう一概に言うのではないのであります。

むしろそれは、法の方から言えば概念化、道徳的にいえば律法化している、そういう形式を破って、いよいよ深く深く法の精神を深める契機である。そういう深き意味をもったものとして観るならば、この小乗二十部の争いというものも、また単にいたずらなるその当時の僧侶たちの争いであると観るべきものでなくして、それらの争いというものを契機として、真実の仏教の精神、仏教の本当の根本精神というものがいよいよ発揚されてきたのでありましょう。したがってこの仏教の根幹、根幹の仏道というものはずっと二千年を一貫して変わらないものである。

いわゆる正法五百年といわれる、まさしくその大半は部派仏教のただいたずらな争いであるが、その争いの中にもそこに静かに仏教を求め、静かに仏道を体験しておられますところの隠れた人々、隠れた修道者、隠れた求道者、隠れた聖者、そういう人人はおそらくはその当時に黙々として、いわゆる何等ことあげをせずして、静かに仏道修行に精進しておられたのではなかったか。またそうでなければならないと思うのであります。もしそれがないならば、もう仏教の伝統というものはまったく終わりを告げているはずであります。

釈尊の入滅とともに真実の仏道の伝統というものはそこに消えてしまっている、仏道は死んでしまっている。仏道は死ぬということはないのだけれども、もし仏滅後の部派仏教の時代というものが単なる部派仏教時代であるならば、仏道の精神というものはそこに死んでいる、消えているというべきであります。一度死んだ仏道というものが再び生きるということは考えられない。そういうことはあるべからざること。綿綿として仏道の歴史のうちに、つまり民衆の胸を貫いて、それの大地、それの足、それの行、それの生活というものをとおして、そこに仏道の精神というものは伝統していたに違いない。

それが部派仏教の堕落、部派仏教の争いというものを契機として、ついに龍樹とか馬鳴《めみょう》とか、そういう人々によってはじめて真実の大乗仏教運動というものが起こされようとした。この道の歴史というものを考えてみればだいたいそういうことになっているのであります。したがって、例えば『華厳経』にしましても、『華厳経』のあのもろもろの偈文《げもん》というようなもの、偈文は詩でありますが、そういうものはおそらくずっと以前から民衆の言葉として、民衆の口から口へ伝わっていたものである。あの素朴なあの原始的な偈文というものはそういうものでなければならないでありましょう。『大無量寿経』の本願というようなものも、もちろんある所では二十四願と伝えられていたかも知れないし、あるいは一願とか二願とか三願とか、何か一つを中心として民衆の口から口へと伝わってきていたに違いないでありましょう。そういうものが一つ背景的なものとなって、完成したものとなって現れたのはいつ頃であったか。それらのことはあるいは今日の新しい仏教の研究というものによって決定されるべきことであるに違いないのであります。

それらのことを昨日あたり一つ明らかにしようとしていたのであります。そうでなければ単に教理というものだけが発展する、そんなようなことはないはずである。教理が発展した、教理発展として見ればそういうこともだいたいあったに違いないでありましょう。しかしながら、その教理というものは、裏には行あり、行の歴史あり、行の歴史的展開というものを内容とし、それを背景として、そうしてこの教理の発展というようなものが、証明せられることであります。この証明によってのみ教理展開ということが成立するでありましょう。それでなければただ単に教理の発展、そういうところにはなんら歴史というものはないものだと思うのであります。単に教理の発展というものはいかにももっともらしく聞こえるのだけれども、それはやはり行信の実践という背景の根拠がなければ、発展ということは単に紙の上に書いたところの模様にすぎないのではないかと思うのであります。

そんなことをいまさららしく申す必要すらないことでありましょう。だからして親鸞は『教行信証』の化身土巻《けしんどのまき》の中ごろに、

聖道の諸教は、在世正法《しょうぼう》のためにして、まったく像末・法滅の時機にあらず。すでに時を失し機に乖《そむ》けるなり。浄土真宗は、在世・正法・像末・法滅、濁悪《じょくあく》の群萠《ぐんもう》、斉《ひと》しく悲引したまうをや。（『聖典』三五七頁）

と、記されてあります。

それは親鸞によりますと、この『教行信証』の 行巻《ぎょうのまき》を披いて見ますというと、インド・中国・日本の三国の七高僧の伝統というものを明らかにしておられるのでありますます。龍樹以前というものはまったくなんら浄土教の教法というものについての、形

のある記録は一つも出ておらない。ただ求道者は黙々として念仏し、寂々として静かに如来の本願を念じ、如来の浄土を念じて、静かに称名念仏していたのに過ぎないのであります。しかるに、初めて文献の上に現れて、そうして阿弥陀の本願というものを開顕したものはだれであるか、すなわちこの龍樹であります。

親鸞はこの龍樹出世の使命というものを『楞伽経《りょうがきょう》』の懸記《けんき》の文《もん》というものによって述べているのでありまして、仏滅後七百年南天竺に比丘あり、龍樹と名づけるのである、有無の邪見を破して大乗無上の法を宣説《せんぜつ》し、歓喜地《かんぎじ》を証して安楽に生まれるであろう。こういう『楞伽経』の予言がある。これも批判家によって見ると、やはり『楞伽経』にそういうことを書いたのは龍樹が死んだ後にそういう言葉を入れたに違いない、予言に仮りて仏教史上におけるところの龍樹の位置を高からしめんがために、龍樹の門弟かあるいは何か龍樹に深い関係のある人々が後から経中に附加したに相違ない、こういうふうに説明するのであります。

あるいはそういうふうな意義も必ずしもないというわけではないでありましょう。

しかしながら、そうであるからといって、ただそれだけのことだと決めることはできないと思う。それならやはり私は思いますに、龍樹というような人間がそういう一大仏教史上において第二の釈尊、第二の教主である。第一の教主釈尊というものは、昨日申しましたように大乗仏教の経典において、深い遠いところの背景をもって、そうして釈尊というものをそこに見い出されたのである。

したがって第二の教主たるところの龍樹というものも、またおそらくはさまざまの伝説、つまり時代の思想及び生活の堕落、あるいは人間の弱さ、それを泣き悲しみ、自分の宿業というものを深く痛感して、一切衆生の救いというものを念ずるところの願い、その願いが龍樹というものを生み出した使命に違いない。そういう意義が龍樹の『楞伽経《りょうがきょう》』の懸記というような文字として、かりにそれが龍樹以後にそういう言葉として具体化されたものであるにしましても、そういうことが一般民衆に信ぜられるということだけを考えてみましても、この第二の教主たるところの龍樹というものがこの世界に顕現する、仏教の歴史の中に生まれて新しく仏教の歴史というものを荘厳したところのこの龍樹というものの現れてくるということは、決して一朝一夕のことではない。つまり偶然のことではない。単なるただいささかの縁というもので生まれてくるのではないのでありまして、それはやはり久遠劫の深き誓願の約束というものからして、如来の誓願というものを後盾にして、そうして龍樹というものが現れてきたものでなければならない。

そういう一つの感じ、そういう意義をば具体化し象徴化したものが、『楞伽経』の懸記の文というものになったのでなかろうかと思うのであります。

親鸞によれば、今の科学的研究というものからは二束三文のものだということになるようでありますが、しかしながら、親鸞があの『楞伽経』懸記の伝説というものを信じて、そういう不確実なる伝説をそのまま受け入れて、そうして『正信偈』の中にもそれを引いているし、また『高僧和讃』龍樹章の第二首第三首におきましてもこの『楞伽経』懸記の文というものをもってこの龍樹の仏教史上におけるところの位置、使命というものを述べておるということは、一概に親鸞が歴史ということに暗いためにああいう不確実な伝説というものをそのまま盲信したものであると、そういう具合に観るということはいかなるものであろうか、と私は思うのであります。

親鸞は『教行信証』の中にいろいろの経典の文字を引用するにしましても、経典から直接にそれを引用するということをせずに、むしろその経典が他の著書に引用された、その引用文を通じて経典を引いている。これは親鸞は直接に経典が手に入らず、またそれを読む機会がなかったから孫引をしたと、あるいは今日の人々はそういう具合にいうかも知れないが、それはそのままにしてそれを認めて差し支えない。しかしながらそれを認めるとともに、ただいたずらに原典を読まなかった、読む煩いを避けてただ経典を孫引した、ということだけではないと思うのであります。

親鸞におきましては、教法の伝統、教法流伝ということを非常に重大な事実としてこれを認めておいでになったのでありましょう。かりに、その人の頭にどんな深遠《じんのん》な道理を考えても、それが単なる空理であるならば何の価値もないのである。だから、いかなる真理というものも、それを裏づけるところの行が大切であります。この実行がないのである。

実践というものがないならば何の価値もない。実践実行のないところにおいては歴史ということであろう。われわれは頭で考えるというようなことは、相当天分がなければならないことであろう。けれども、頭で考えるのは自由であって、そういう頭で考えるというようなことだけであるならば、そういう者には必然の歴史というものの必要はなく、したがってそれは歴史に参加する資格はないのであります。必然の歴史というものはただ実践実行のみがそれに参加するのである。それゆえに『高僧和讃』などで親鸞は、例えば龍樹の『智度論《ちどろん》』のある文章を引用するにつきましても、『智度論』からして直ちに引用しないで、中国の道綽禅師《どうしゃくぜんじ》の『安楽集』という書物の中に、「龍樹の智度論に曰く」として『智度論』の文を引用している。その道綽禅師の感銘をとおして、龍樹の『智度論』の生きた精神を『高僧和讃』の龍樹讃の中に歌っている。だから『高僧和讃』に、

智度論にのたまわく　　如来は無上法皇《ほうおう》なり

菩薩は法臣としたまいて　尊重《そんじゅう》すべきは世尊なり　（『聖典』四九〇頁）

特に「智度論にのたまわく」と言ったのはどういうわけであるか。これはわれわれはぼんやり読んでいるけれども、それは、龍樹は『智度論』を書いているから「智度論にのたまわく」と言ったのであるという具合に多くの人は考えている。けれども、そうではないのである。しからばそれはどういうわけかといえば、道綽《どうしゃく》禅師が『安楽集』の中に『智度論』を引いて、

『大智度論』によるに、三番の解釈《げしゃく》あり。第一には、仏はこれ無上法王なり。菩薩は法臣《ほっしん》となす。尊ぶところ重くするところ、ただ仏・世尊なり。このゆえに、まさに常に念仏すべきなり。

こういう具合に書いてある。親鸞はその道綽禅師を通して『智度論』を聞いたのでありますから、特に「智度論にのたまわく」という言葉を掲げてあるのであります。如来は無上法皇、菩薩は法臣として尊重すべきは世尊である、龍樹の『智度論』にそう書いてある。それをそのまま言わずにそれが道綽禅師まで移っていって、道綽禅師へ

どういう具合に移ってきたか、龍樹の言葉というものが道綽にいかに影響してきたか、それがつまり伝統、伝統的精神、そういうものを明らかにするということであります。

だからしてまた七高僧の第二番目の天親菩薩の『浄土論』というものを引用するにしても、それを中国の曇鸞大師の、『浄土論』の註釈であるところの『往生論註』に移し、その曇鸞大師の『論註』をもって『浄土論』だとしておられる。ゆえに親鸞は「浄土論に曰く」と言いながら平然と、天親菩薩の『浄土論』の文《もん》を引用せず、その註釈たる曇鸞大師の『論註』を引用しておられる。何も親鸞の頭がどうかして、考え違いをして、『浄土論』の本論と曇鸞の『論註』とその二つを混同して、曇鸞の註釈の言葉を天親菩薩の本論の言葉だと間違って、「浄土論に曰く」として中国の曇鸞大師の註釈の言葉を引用したというわけではないのである。この天親菩薩の言葉の精神というものが曇鸞に伝統されている。ゆえに当然、曇鸞大師を通じてこそ真実に天親菩薩の言葉の生命に直接して行く。そこに行というものがある。単なる道理、単なる理屈というものであるならば、何も曇鸞大師を通さんでも解っている。だからしてすべてそういう具合に『教行信証』の引用というものを見るというと非常に注意すべきことがたくさんにあるのであります。

そこで親鸞の『教行信証』の行巻というものは何であるか、これはご承知のとおり、第十七願・諸仏称名の願というものによって浄土真宗の伝統を明らかにしたもの。すなわち第十七願・諸仏称名の願というものによって三国七祖の伝統というものの根源を明らかにした。伝統の根源は第十七願である。その第十七願というのはつまり浄土教の歴史の事実原理である。仏教の歴史の事実原理である。この親鸞の仏教史観というものは、まず第一に第十七願・諸仏称名の願に事実的原理を見い出された。

たとい我、仏を得んに、十方世界の無量の諸仏、ことごとく咨嗟《ししゃ》して、我が名を称せずんば、正覚を取らじ。（『聖典』一八頁）

この願文は昨日すでに一応の意義を申し述べましたが、きようは正しくこの願文の本義を明らかにしたいと思います。これは昨日も話しましたように、十方無量の諸仏といえば何か天の星座でも指して言ったのでないか、というふうに、私どもは長いあいだ思っていたのであります。しかし、そうではないのでありまして、この地上におけるところの教主釈尊の興世、続いて連綿たる三国七祖伝統の歴史、インドにおけるところの龍樹・天親、中国におけるところの曇鸞・道綽・善導、日本におけるところの源信・源空、この三国の七高僧の伝統の歴史であります。その伝統の歴史の根源、伝統の歴史の事実原理、それを第十七願の上に見い出す。こういう具合に親鸞は浄土教の歴史というものの根源、浄土教というものの歴史の発端《ほったん》はどういうところにあるかということ、ただいつでも私のはからいというものを交えないというところが非常に注意を要することでありましょう。

それだからして行ということは何であるか。行ということは南無阿弥陀仏の伝統、南無阿弥陀仏の流伝である。南無阿弥陀仏が流行する。行とは流行です。これを歴史的に言えば南無阿弥陀仏の名号の流行、流れ行われることである。その南無阿弥陀仏の名号の流行、それを七祖の伝統という一つの事実の上に見い出した。七祖というものも、これはその時代時代の多くの民衆、その時代時代の時代精神、時代思想というものを背景として、あるいはそれを契機として、その機に応じて阿弥陀の本願というものが流行した。流行するということはすなわち名号の精神をさらにさらに明らかにして、そうして民衆というものに名号を高く掲げて、内には深く法を興し外には広く迷える衆生を利する、これがすなわち七高僧というものの使命であります。それゆえに七高僧に代表せられる、七高僧とは七人でありますけれども、その七人の高僧の背後には、その時代の無量無数の民衆というものがある、その無量無数の民衆を代表しているところの七高僧である。

この七高僧の伝統、南無阿弥陀仏の歴史、南無阿弥陀仏が内には本願自らを成就し、外にはそれの正機衆生を摂取する、外に衆生を救うということが、直ちに内に自らを成就するゆえんである。こういう具合に三国七祖の伝統というものの根源を第十七願というものの上に見い出してきた。してみると、諸仏というのはまず少なくともこの七人の仏、七仏である。親鸞から見れば七人の祖師はすなわち過去の七仏である。釈尊にも過去の七仏があった。親鸞にもまた過去の七仏がある。そんなことをいうと調子を合わせて何か言うているようであるけれども、偶然か必然か知らないが、その偶然において必然を観ることができるでありましょう。釈尊の過去の七仏に対して親鸞に過去の七高僧がある。過去の七高僧は過去の七仏である。ここに仏の問題が存在する。

全体仏とは何であるか。仏というものは如来の本願展開の歴史の中より誕生して、その歴史の流れの中に帰入した人である。歴史の中に寂滅したのはすなわち化仏である、寂滅しているものは法身仏である、歴史において永遠に生きているところの人は、すなわち報身仏である、こういう具合に言うことができるでありましょう。七高僧はこの念仏の歴史において死んだ、念仏の歴史の大地において骨を埋めた。そういう意味においては七高僧は過去の七高僧である、過去の七仏である。しかして、その七高僧を通して念仏の道が永遠に生きている限りは、念仏の声が永遠に生きている限りは、七高僧は本願念仏の大地において現に今日生きており、また永遠に生きているのである。こういう具合に言うことができるのでなかろうかと思うのであります。

かくのごとき意義を第十七願というものをもって親鸞が証明しているのであります。

これはまことに古今独歩の証明であります。

この行巻は、第十七願・諸仏称名の願に始まって『正信念仏偈』に終わっている。あの正信念仏偈というのはただ単なる念仏ということではない、念仏の歴史である。念仏の歴史全体を念仏というのであります。南無阿弥陀仏というは、われわれが称えることによって初めて南無阿弥陀仏が成立するのではない。親鸞によれば、仏教二千年の歴史全体が南無阿弥陀仏であった。念仏というはただわれら個々の念仏ではない。念仏はその本願の歴史にある。その歴史を無視した個人の念仏を自力念仏と申すのでありますす。本願念仏というのは歴史の中にある念仏、歴史の中に流れている念仏、歴史を統一するところの念仏である。

かくて、親鸞はこの行巻において、第十七願・諸仏称名の精神によって、特に善導・法然二師の釈義の精要を開顕し、古今の迷謬《めいびゅう》たる単なる阿弥陀仏四字名号主義の念仏を楷定《かいじょう》し、毅然《きぜん》として如来の選択本願の正意、六字名号の仏意を宣明せられました。『歎異抄』によれば、親鸞は法然上人から「ただ念仏して、弥陀にたすけられまいらすべし」の仰せを受けられた。この「ただ」こそは一面には易行の大道を示すとともに、その易行なるところには如来選択の願心によることを顕し、極難信の道を表明したのである。まことに弥陀永劫のご辛労《しんろう》、釈尊七祖の深重のお骨折りは、単に念仏ということではなく、この「ただ」の二字のためであった。「ただ」は選択である。一心をもって一行を選び取り、他の一切を選び捨てる大信心である。これまさしく一心による一向である。

親鸞は弥陀の王本願、第十八の念仏往生の誓願を拝誦するに当たって、その乃至十念の念仏の行を第十七願・諸仏称名の願の念仏伝統の歴史において発見するとともに、その至心信楽欲生の心を、願成就の文の「聞其名号信心歓喜乃至一念」の衆生の信楽《しんぎょう》開発《かいほつ》の一念の機、すなわち正定の現在時において発見せられました。歴史的伝統において念仏は称名である。それは称名は念仏の形相であるからであります。

しかしながら、真実の念仏は称名によって象徴荘厳せられつつ、それの本性は常に称名を超越して、直ちに如来選択の願心を回向表現する。如来の選択の願心はまさしく本願三心中の第三の欲生我国であって、善導大師は二河譬《にがひ》において、これを西岸上の招喚の声とし、もって本願象徴の原理とされました。すなわち、親鸞はこれによって欲生をもって如来の回向心とし、まさしく欲生我国を直観して「如来、諸有の群生を招喚したまう勅命なり」と解釈されました。この欲生こそは、如来がまさしく現に無明に迷惑しつつあるわれら衆生を招喚覚醒せしめたまう善巧方便の至極、浄土荘厳の根本原理、信楽開発の契機であります。この欲生我国の願文こそは、如来本願力の尖端であります。

この欲生心の招喚によって、久遠以来まったく具体化の縁を欠いていました純一の願作仏心、それは本性純一のゆえに、われわれ衆生にあっては到底自力をもって具体化する機なきゆえに、それは常に邪定《じゃじょう》の機に動乱せられ、久遠以来常に迷信邪教に陥《かん》入《にゅう》しつつあった。ここに如来選択の善巧の妙機は発動して、ついにわれわれ衆生の久遠一如の信楽、真実の願作仏心を初めて具体化せしめたもうたのであります。

親鸞がかくして第十八願の王本願を証験せられました端緒は、願成就の文の中心眼目たる至心回向、「至心に回向したまえり」の真言においてまさしく本願の欲生我国の願心の成就を感得し、善導大師の「彼仏今現在成仏」の叫びにいまさらに驚かれたことによるのである。まことに彼は寂然不動清浄無相の信楽をあるがままに内観するところの慧眼《えげん》として、それの中心として欲生心が回向されてあるを証得せられた。この証得がすなわち現生不退である。これによって彼は善導大師の名号釈の「言南無者即是帰命」の、あの即是の二字に注意して、衆生の帰命信順において現に動く如来の願心に触れて、主観的帰命を超越して、客観的である本願招喚の勅命と直観せられた。このような釈は、おそらくは即是帰命の即是の二字に触れてのことでありましょう。

かくて彼はこの帰命の勅命を通して深く遠く広大無辺なる如来の願心を念じました。ここに映じ出されるのは願心の所為なる衆生の煩悩罪業の深重の事実であった。これを痛感する時、「阿弥陀仏即是其行」、「即是其行と言うは、すなわち選択本願これなり」。帰命の当体に天地万物ことごとく南無阿弥陀仏と転ずるのであります。

私は昨日、『大無量寿経』に先立って本願あり、本願に先立ってすでに名号があると申したのでありますが、これはすなわち「阿弥陀仏即是其行」の道理を表明したのであります。「即是其行」の其の文字は源、本願成就の文の「聞其名号」の其の字が流れ来たったものである。「聞其名号」の其は直ぐ次上の経文の無量寿仏の威神力《いじんりき》である。威神力とは本願力の威神である。すなわち『大無量寿経』には「威神力故本願力故」といって、この威神力は本願力の功徳にほかならない。したがって、この「即是其行」の其の文字も南無の超越的意義なる発願回向、すなわち如来平等の発願回向のお心である。かくして「阿弥陀仏即是其行」とは、阿弥陀仏は単なる孤独的観念の四字名号でなく、それは南無を具足し、また南無に具足せる阿弥陀仏である。四字名号の開顕する境地は自性唯心の独我論懈慢《けまん》の界である。南無阿弥陀仏の六字こそは真実大行すなわち念仏三昧にして三宝円満の浄土の真証の境地である。六字名号の開顕する浄土こそは歴史の浄土、大行の浄土である。

われわれはいたずらに漠然たる今の果上の阿弥陀仏を所信の対象としていないか。単なる所信は観念境にすぎない。真実信の対象は単なる所信でなく、それは所行であり所帰でなければならない。真宗従来の講者は漠然として所信所行を口にし、また所行能行を対立的に考えた。所信とか能行とかいうことは単なる観念主義者の用語でしかない。所行という語にのみ重大なる現実的意義を有する。あるいは乗《じょう》（のりもの）とも、法とも、道とも、理とも、命とも、業とも、教とも申します。それは単なる個人的の行ではなく、信をもって真実信ならしめる客観的原理根拠、信がそれにおいて現行《げんぎょう》する依処である。

したがって、まさしく所行の名号において、すでに能信の信の根源がある。その信の根源において、そこに念仏の大行の本願がある。「本願招喚の勅命なり」とはまさに所行のところにおいて能信の機を発見し、「発願回向と言うは、如来すでに発願して、衆生の行《ぎょう》を回施《えせ》したまうの心なり」とは能信の端的において、因位の名号、南無阿弥陀仏の本願の原理を先験したのである。この因位先験の南無阿弥陀仏において、そこに果上の南無阿弥陀仏を体験したる境地が「阿弥陀仏即是其行」であります。

単なる果上の阿弥陀仏、四字名号は自性唯心の観仏の個人行にすぎず、因願をまっとうしたる因願酬報《いんがんしゅうほう》の真身の阿弥陀仏は南無阿弥陀仏の本願念仏の大行によってのみ体験せしめられる。真実果上の阿弥陀仏を見んとするならば、すべからく従果向因して因位本願を内観しなければならない。因位の本願は帰命の一念において本願招喚の勅命を聞かねばならない。この帰命の招喚に接することは、まさに因位の六字名号を先験せしめたまうことによって、ここに直ちに果上の阿弥陀仏を明証する。これすなわち願成就の経文に「聞其名号信心歓喜」の信心成就の一念に、本願の欲生心を成就するがゆえに、「即得往生住不退転」の現証を得ると説きたまえるゆえんであります。

『教行信証』行巻は、ゆえに単なる観仏的称名でなくして、真の如来本願を憶念するところの念仏的称名である。真実の本願酬報の尽十方無碍光如来の名を称するのである。ここに六字名号がある。ここに「即是其行」がある。ここに「聞其名号信心歓喜」がある。ここに「仏の本願力を観ずるに、遇うて空しく過ぐる者なし、能く速やかに功徳大宝海を満足せしむ」がある。ここに「彼仏今現在成仏、当知本誓重願不虚、衆生称念必得往生」がある。したがって、それは単なる所信の行ではなく、まさしく所証の大行であり、正信念仏をもってその帰結とするのであります。これが六十行の正信念仏偈をもって行巻が満了するゆえんである。存覚上人によれば、正信念仏とは「所行の法に就《つい》て能信の名を挙ぐ」と釈した。まことに卓見と言うべきである。けだし、所行の名号の伝統の歴史において、信ぜざるを得ずして信じ得るの道理を明らかにするのが正信念仏の意義であり、第十七願の諸仏称名の願はここ正信偈百二十句の完成によって願成就を証験せられたのであろう。

諸仏の称名は水に画ける文字でなく、金剛に彫刻せられたる不磨の文字である。如来の本願をして永遠に生命あらしむるゆえんの無上の方便である。常に名号をもって衆生を招喚し、信心を開発せしめて光明海中に摂取したまう。これ六字名号の歴史的意義であります。単なる阿弥陀仏には歴史がない、南無阿弥陀仏において歴史がある。まことに六字名号には、南無を主とすれば法蔵菩薩の発願修行の因位を摂し、阿弥陀仏を主とすれば十劫正覚以後釈尊七高僧伝統の果上の歴史を摂し尽くす。それは単なる阿弥陀仏の観想でなく、遍法界《へんほっかい》の歴史が一時に現在して称名の叫びをあげる。しかしながら第十七願は主とするところは果上の歴史である。さらに一層深く名号の淵源、本願の秘奥としての形なき因位を開顕するは、まさしく第十八の王本願に帰入しなければならない。第十七願開顕の行巻は善導大師の六字釈のごとく、如来因位の深重なる発願回向の願心を念ずるによって、「即是其行」の果上体験を示すを目的とするが、第十八願を開顕する信巻は、善導大師の『観経』三心釈《さんじんしゃく》によって、名号の体験を通じて、深無底の法蔵菩薩因位の先験的心境を思念推理せられたのである。今特に先験的心境と言うけれども、もちろん果上体験によって映し出された境地である。

まことに第十八念仏往生の本願を念ずれば、

たとい我、仏を得んに、十方衆生、心を至し信楽《しんぎょう》して我が国に生まれんと欲《おも》うて、乃至十念せん。もし生まれずは、正覚を取らじ。唯五逆と正法を誹謗《ひほう》せんをば除く。

(『聖典』一八頁)

この世には、初産の妊婦が切にいまだ見ない胎児を真実にわが真実の家の子として、絶対完全に産み出そうとおもう切なる祈りの心境をもって、いささかこの本願の一端を推知し得るであろうか。けだし法蔵菩薩は十方衆生を妊《はら》める南無の位であり、阿弥陀如来はそれをまさに産みたる阿弥陀仏の位である。

ひるがえって行巻の結論、諸仏称名の願の最後の証明たる『正信偈』には、冒頭、

帰命無量寿如来
南無不可思議光
（『聖典』二〇四頁）

と。これすなわち伝統の歴史である。伝統の歴史の宗要であり、それの全体である。仏教歴史の体であるとともに、それがそのまま親鸞の安心の表明である。すなわち親鸞の安心の所帰体である。すなわち正信念仏ということは、正信し念仏するとも言い、あるいは念仏を正信するとも言う。だから、「帰命無量寿如来　南無不可思議光」という寿命と光明、この二つの名号を掲げました、そこに伝統の歴史の体を掲ぐるとともにそれがそのまま親鸞の己証の安心、安心の体をそのまま掲げたのである。こういう具合に、たった一行の「帰命無量寿如来　南無不可思議光」と、言葉に二つの意義をもたせているのであります。そうして親鸞は、

法蔵菩薩の因位の時、
世自在王仏の所《みもと》にましまして、
諸仏の浄土の因、
国土人天の善悪を覩見《とけん》して、
（『聖典』二〇四頁）

と、ずっと述べまして、そうして、『大無量寿経』によって『大無量寿経』の大綱を掲げまして、それから『大無量寿経』流伝の歴史というものを七祖の伝統というものに求めまして、龍樹・天親・曇鸞・道綽・善導・源信・源空、七人の祖師方の教えというものをずっと半分に述べて、一番最後に、

道俗時衆、共に同心に、
ただこの高僧の説を信ずべし、

「唯可信斯高僧説」、このように行巻を結んで、そうして直ちに第十八願によって真実信の巻というものを開顕しまして、そこにさらに信巻特別の序分というものを掲げてあります。これは親鸞が行巻に並べたところの伝統の歴史というものは、そのまま

親鸞の救いの己証である。そういう意義を明らかにしまして、その七祖伝統の歴史に即して親鸞自身の己証を深く掘り下げ、そこに深重なる因位法蔵菩薩の願心を明らかにし、信楽開発の淵源を明らかにするものはすなわち信巻である。だから親鸞は信巻というものを開顕しますところの理由を明らかにするために、その信巻の初めにおいて別序というものを掲げているのであります。

それ以《おもん》みれば、信楽《しんぎょう》を獲得《ぎゃくとく》することは、如来選択《にょらいせんじゃく》の願心より発起《ほっき》す、真心を開闡《かいせん》することは、大聖矜哀《だいしょうこうあい》の善巧《ぜんぎょう》より顕彰《けんしょう》せり。

しかるに末代の道俗・近世《ごんせ》の宗師、自性唯心《じしょうゆいしん》に沈みて浄土の真証を貶《へん》す、定散《じょうさん》の自心に迷《まど》いて金剛の真信に昏《くら》し。（『聖典』二一〇頁）

と、こういう具合に述べてあるのでありまして、この如来選択の願心、行巻において三経七祖の伝統というものを聴聞して、それにおいて如来選択の願心というものを明らかにした、その歴史的体験の意義というものは何であるか、かくして彼は如来選択の願心の内面を描き出そうと企てたのであります。そこにわれらの正信、それの正信たるゆえんの原理を決定せしめられるのである。

こういう具合に述べまして、それからしてその当時、その時代の人々の安心というものが諸仏伝統の道というものを無視して、ただ、自性唯心、すなわちいわゆる独断論独我論、伝統の歴史的必然というものを無視したところの、ただ個人勝手の小我論的自見的な己証であります。そういう勝手突飛な己証の安心を自性唯心というのであります。自性唯心というのは、独りよがりであり、独我的独断論である。独我論というものはいかにも自分にはめでたくおさまっているようだけれども、そこに何か知らないが落ち着きがない。つまりその人自身が非常に驕慢得意になっている。得意になっているようだけれども、公平謙虚の求道心を欠乏するために、深い自覚的確証なく、何となくそわそわとして若存若亡《にゃくぞんにゃくもう》である。すなわち「定散の自心に迷うて金剛の真心に昏《くら》し」と、この「自性唯心に沈んで浄土の真証を貶《へん》す」と、これが二種の別の人だと解釈するのも一つの方法である。

古来みなそのように見られていたけれども、思いますに、これは一人の人の上にもまた二つが同時に成り立つものでなかろうか。その人の主観的自覚におきましては自性唯心である。独りよがりであり、独断論であり、独断的信仰である。証において独断的自証は、信の立場から見ればただ一つの定散の自心である。独りよがりはふらふらである。ふらふらであるから独りよがりをしなければならない。ふらふらでない者に独りよがりをしなければならない必要がない。だから独りよがりができるということはいかにも偉そうではあるけれども、独りよがりをしなければならない必要がある。そういう要求をするということは、その人自身において心がふらついているためでなければならない。すなわち、定心と散心との間にふらふらした未決のところがある。いわゆる若存若亡である。定心というのは若存であるがごとく、散心というのは若亡でなきがごとし。信仰があるようにもあり、ないようにもある。独りよがりができるということから言えば、信念があるようである。独りよがりをしなければならないということから見れば、信念がないようである。それを定散の自心と名づけるのであります。

だからこの自性唯心と定散の自心という二つを二人の人に分けて見るという見方も一応道理であるけれども、私はむしろそれを一人の人について見たならばどうであろうか。これは自分の一つの見解であるのであります。自性唯心と定散自心というのは二つ別の方向に傾いているのだとも言われるし、また一人の人の自分の信念というものの一つの内省においてその二つというものが同時に成立する。そういうことが考えられるのでなかろうかと思うのであります。

かくのごとくして親鸞は、行巻の上に名号展開の歴史的事業、その歴史的事業というものにおいて、直ちに自分の信念の歴程、自分の己証の安心の歴程というものを示したのがすなわち信巻というものであると思うのであります。

親鸞によりますと、われわれの真の仏道の自覚は念仏の歴史の中にあって、しかもこの事業に参加していくことであるが、歴史の中にあるもののみが本当に歴史に参加し得る。こういうことが親鸞の歴史観、すなわち親鸞の『教行信証』の安心である。つまり象徴荘厳成就の南無阿弥陀仏の中に純一無雑の願心の南無阿弥陀仏を見い出してきた。南無阿弥陀仏の法の歴史の中において、南無阿弥陀仏の超歴史的己心の安心を見い出した。

おもうに念仏を正信するということは念仏伝統の歴史より生まれて、念仏の世界において、念仏の歴史を超えて、かえって念仏の歴史を作り、念仏の歴史の不滅の法燈を証明する事業であります。観仏三昧の称名のごとく、本願成就と没交渉に、単に完成せる名号を詠嘆することではないのであります。

まことに南無帰命の如来招喚の勅命に、連綿たる念仏伝統の歴史を超えしめられ、それは法爾自然に否定せられて、私どもはまさに法蔵菩薩発願の初一念に立たしめられ、ここに新たなる真実の念仏の歴史はまさに創《はじ》められる。かくしてわれらは凡夫のままに不退の位に入り、諸仏の家に生まれたのである。かくしてわれらはやがて念仏伝統の歴史の諸仏の一位を占めることとなる。真実に流れを汲まんものはすべからくその本源を尋ねなければならない。ここに初めて正信の自証がある。

もはやまったくお話ができないほどに疲労を感じますので、これでこの講演を終わらせていただきます。講演を終わりますに当たりまして、私はこの会を主催してくださいました興法学園の諸々の同人諸君、ならびに興法学園同人諸君の企画に賛同してそうしてこの会を成立して、同人諸君の志願を満足してくだされまして、三日間、はなはだ散漫な講演を始終静かにご清聴くださいましたことを深く感謝いたしまして、この講演を終わることにいたします。

後記

『親鸞の仏教史観』は昭和十年五月十日より十二日に至る三日間、京都山口会館において開催された還暦記念講演会の速記録に、先生が加筆されたものである。昭和十年十二月、文栄堂書店から初版が発行されたが、昭和二十四年四月に丁子屋書店から再刊された。

還暦記念講演会開催の趣意とその状況は、初版本の興法学園同人の「序」、並びに当日先生の講演に先立っておこなわれた金子大榮先生の「挨拶」によって詳しく知ることができる。先生の講演は、この挨拶を承けて始まったのである。その「序」と「挨拶」は左のとおりである。

序

曾我量深先生の還暦記念講演会は、本年五月十日より十二日に至る三日間、京都山口会館において開かれました、これはその当時の記録であります。

講演の参聴者毎日四百余名、遠きは九州・北海道等より来会せられし人々もありました。

聞法の他に余念なき聴衆は、仏祖の聖旨を受けて語らんとせらるる先生の定慧に、いかに緊張せしめられたことでありましょう。人々は今さらに『無量寿経』の教説こそ、われら衆生の根本聖典たることの証明に感動せしめられたことであります。その獅子吼の講演記録が今や出版せらるることとなりました。これによりて当時の来会者は長く感銘を新たにせらるると共に、さらに法益の広く未聞の有縁を潤さんことをと念願せしめらるることであります。

なおこの機に際して、この記念会に随喜賛助を賜いし諸方の同朋に感謝の意を表し、特にこの書の出版については、川野三郎氏、松浦長三郎氏、尼崎三之助氏の御後援に預りしことを深く御礼申し上げます。

昭和十年十一月　　興法学園同人

挨拶　　金子大榮述

発起者の一人として御来会のみなさま方に挨拶のお言葉を申させていただきます。

この記念会を開きました趣意は、世間一般の常識であります還暦の祝賀ということに事寄せまして、私どもが長い間お世話になりました先生のご恩を改めてここで感謝致し、同時にこれから私どもの進み行く道について、さらに一層の教訓を仰ぎたいという考えからにほかならんのであります。

私どもがこの世に生を受けまして、よい時代に生まれ合わせたという言葉を使うことができるとしますれば、そういう時代は必ずしも四海波静かにして、春は花、秋は紅葉と享楽することのできる時節に生まれたということではありません。また教育が普及し交通機関が便利になりまして、いわゆる文化的の施設を思うままに受け得るということでもありません。そういうことも私どもがよい世の中に生まれたということの中に数えることはできるでありましょうけれども、しかしながらいずれ五濁雑乱の世であり、悩みの多いこの世界におきましては、そういうことだけで心の底から本当によい時代に生まれたということはできないのであります。

ただ私どもが本当に心の底からよい時代に生まれ合わすことができたということができるとしますれば、それは本当に自分を教えてくださるところの明師に出遇うたということ以外にないのであります。この喜びはおそらく人間が経験し得る限りの最上の喜びであります。そういうことは、もしそうでなかったならばということを思ってみればすぐ解ることであります。釈尊がお生まれになりました時に、阿私陀仙人がその生まれられたばかりの悉達多太子を拝したてまつりて涙を流した。浄飯王がなぜに泣くのであるかと尋ねられました時に、このお児さんは大きくなられたら世を教ゆるところの法王になられるのである。しかし自分はその年まで生きていることはできない、せっかく人間の導師である方の出世に出遇いながら、その教えを聴かずして自分が先立って死ななければならないということを考えますと、とても悲しいことである、と申し上げたということであります。おそらく人間が経験し得る悲しみの中でこれ以上の深刻な悲しみはないでありましょう。

そうすればそれを裏返しにいたしますれば、本当に自分を教え、自分の行くべき道を指示してくださるところの人に出遇った、そういう人のおられる時に生まれ合わせたということは、われわれにとって最上無上の喜びでなければならんのであります。今日記念会を開きましてお話をお聴きしようと思っておりますす先生は、私にとってはそういう意味のある先生である。それは来会の皆さまにとっても同じ感じをもっておいでになることであろうと思うのであります。

もし先生がお出でにならなかったならば、われわれは本当に仏教というものを理解することができたかどうか、本当に浄土真宗というものを自分の身につけることができたかどうかということを思ってみますと、もし今日生まれ合わなかったならば、おそらく私どもはこの長い間の仏教の本当の伝統の精神をただ因襲のままで受け取っているか、あるいはどうしても受け取ることができなくて迷うているか、どちらかに終わったであろうと思うのでありま す。それが仏祖の精神というものを本当にその一分でも受け取ることができるようになったということは、これは何と申しましても先生が出られました同じ時代に生まれたところの私どもの幸福でありましょう。

その伝統の仏教的思想は申すまでもなく先生の体験によって明らかにせられたものである。「伝承と己証」という題目は屢々先生のお口から聴いたことでありますが、その伝承の伝統的精神は、先生の己証を通して、体験を通して、私どもに伝えられたのであります。その体験というものも、言葉で申しますればただ体験でありますけれども、おそらく体験という言葉は、先生御自身にとっては一生涯の心血であり、ただ口や言葉で言い表したのとは全く内容の違ったものであるに違いないのであります。つまり先生の人格、生活というものをもって聖典を読んで伝えてくだされたのでありますが、その生活、あるいは人格というものは一体どんなものであったであろうか。

きょう私は記念会であるということによって、あえて先生の徳を数え上げようとは思いません。いたずらに美徳を並べるということは、並べる方では尊敬するつもりであっても、事実としてはかえって貶《おと》すことになるおそれがあるでありましょう。私は先生の人格は世の中の人々が様々に言うている、そのあらゆる見方がみな本当のものであるようなお方である、こう思うのであります。ここにおられる方（先生）は最も謙遜なお方であると同時に、最も自ら高い誇りをもっておられる方であります。最も情熱の強い人であって、同時に最も理性の鋭い人であります。先生の眼から見れば、あらゆる思想家はみな理知に捉えられているに過ぎないのであります。先生の情熱から見れば、多くの人の感情は要するところ感傷に過ぎないのであります。それだけ情熱が強く、それだけ理性も高く、一面から言えば超常識的であり、そうして極めて常識的である。またある意味におきましては極めて内観的であり、それでいて、また、世の中のことを、社会のことを本当に明らかに知っておられるということは、この人に接した大抵の人は皆知っておられることであると思うのであります。

かつて先生の書かれました文章の中に思い出した言葉があります。宗教的人格論というものを書かれまして、その中に、宗教的人格というものは「足は無間の底を踏まえて頭は非想非々想の上に出づる」という言葉があります。それは今日から考えてみると、おそらく先生の自画像であったのでしょう。だからして世の中の人は無間の釜を踏まえている足下だけを見て、先生は随分やんちゃな人だ、というようなことを言う人もありましょう。時には非想非々想の上に出ている方ばかり見て、どうも思想の深遠な人である、というようなことを言うでありましょう。けれども何にせよそういう巨人なんですから、われわれはそれを一括してこういう人であると言うことはできない。しかしながら決してそれは複雑ということでなくて、極めて単純な、極めて素朴な精神に統一されて、それだけの生活とそれだけの性格とをもって体験されたものが、われわれに与えられているのであります。

で、その今日まで歩いてこられました相を思いますというと、私はいつでも勢至を思うのであります。

『観無量寿経』を読んでみますと、勢至菩薩が行じ給う時には大千震動すということでありますが、今日までの先生の歩み方を見ますと一歩一歩が時代を動かし、そうして時代を作ってこられたのであります。いったい先生のようにあまり世に知られない、そうして社会大衆に歓迎されない人を捉えて時代を動かしてきたというようなことを言うのはあるいは異様に感ぜられるかも知れませんけれども、古往今来本当に時代を作り時代を動かした人というものは、決して世に時めいた人でなかったはずである。決して大衆を踊らした人でなかったはずである。むしろ世に容れられなかった人が事実としてその時代を作り時代を動かしてきているのであります。それと同じ歩み方を先生がしてこられたことは、おそらく少し眼を転じて物の裏を見ることのできる人であるならば、まさしく明瞭な事実であるということを承認せられるであろうと思うのであります。今日、教界においてものを言うている人がみな信順を因とし疑謗を縁として、信順の形であるか疑謗の形であるか、何かの形において先生の考え方の影響を受けておらぬ人間はないと言うて差し支えないでありましょう。そういう点は少し見えない方面を見、現れない方面を見る眼を開けば、殊に明瞭なことである、と私は思うのであります。

で、私個人としましても大変に教えの恩によっておりますし、また教界といたしましてもそういう意味におきまして、巨人の歩みをしてこられましたこの先生の還暦に当たりまして、ここで思い改めて長い間の恩を感謝するということがまず第一にこの会の趣意であるのであります。しかしそれだけならばまだ別の方法もあったでありましょう。けれども、こうやって会を開いて、そうして先生のお話を聴こうということになりましたのは、単に過去の先生の恩を感謝するというだけでなしに、私どもがこれからの先生の未来を期待して――大体東洋におきましても西洋におきましても、偉大な人はこの人生を大抵二生、もしくは三生を経ておられるようである。

仏教には変易生死と分段生死という言葉がありますが、あの二種の生死という言葉はどうも解りませんかったのですが、今度先生の開会のご挨拶をするということについてふと思いついたのであります。平凡な人間はなるほど分段生死で、あの人は生まれた、そうしていろいろなことをやって死んだ、というよりほかに一生涯はないのである。変易生死はその思想の展開するごとに、その体験の展開するたびごとに、この肉の命は終わらなくてもその人の本当の意味の生というものが何遍も変わって行くということでないであろうか。で、その多くの変易生死のうちにおいて六十年というものが一期をなして、六十年がその前期であり、六十年以後がその後期であるということは、古今東西の思想的な生活をせられた、精神的の生活をせられた人の跡を見ても、大抵そういう風になっているようであります。そうしてその前六十年が六十年以後の生活の準備をなし、そうして六十年以前のものがさらに洗練され純化せられて現れて、殊に間違いのないものが六十年以後に現れているようであります。

先生は非常に健康でおいでになりまするし、元気はますます旺盛でおいでになりまするからして、いわゆるこれからお入りになります第二生の誕生に当たって、ここに先生の獅子吼を願って、われわれはみな前生、すなわち前六十年の宿世の善友として、さらに第二生の御説法を聴こうという心持ちでこの会を開いたのであります。

で、時代はいろいろの意味において、本当に導くところの人を要求しているのであります。われわれはみんな戸惑いをしており、どうしてよいか解らないのであります。この際、第二生に入ろうとせられまする先生をわずらわせまして、そうしてここでさらに勢至菩薩的な大獅子吼をしていただき、思うままにお考えを発表していただいて、そうしてわれわれ冥闇の道を開いていただきたいという考えから、この会を開いた次第なんであります。

ここに壇に立ちました私は先生の教化の恩には、おそらく最も長くお世話になった者でありましょう。そうして先生の心境が解らないということにおいても、悲しいことでありますけれども、その最も解らずやの一人なんであります。そのために先生をして不遇の位置にいらしめたという罪を犯しはいたしましたけれども、まだこれで先生の恩を報じたというだけの、何ものをもしておらないのであります。しかしそういう因縁で今日も、私はこの会に対《たい》告衆《ごうしゅう》阿難として、列席させていただくことを得たことになったのであります。その対告衆阿難という心持ちにおいて、こうやって多勢御来会くださいましたみなさんに、心から感謝を致します。遠いところは北海道より九州の方からおいでくださいました。また近いところでも出悪いところを出てくださいまして、この先生のお話を私どもまのあたりに聴かしていただくことになったということは、ひとえにみなさんのご熱心のしからしむるところと、まずもってご来会のみなさんに深く感謝致します。そうして先生に対しましては、今日お集まりの方はみな少しも外の心はない、ただ純粋に真の道を聴きたいという、それだけの心をもって集まっておられる方ばかりであるということを対告衆の格をもって申し上げて、心置きなく、顧慮するところなく、思うままにそのご会得なされておられるところの仏教史観についてお話くださることをお願いいたす次第であります。

以上であります。

（松原祐善記）

親鸞聖人の教えを学ぼうとする者にとってその眼を開いてくださる本というものは、世に親鸞ブームといわれるほどに万巻の書はあるとしても、さて、いかがなものであろうか。

今回本書を刊行するゆえんは、この書の出た由来を語ってくださっている松原祐善先生の序、並びに金子大榮先生の挨拶（140～149頁参照）にあきらかなとおりで、何も加える必要を感じません。

本書を出版するにあたり、病をおして、序として対談くださった松原先生、ならびに聞き手・藤　兼晃氏、出版を快くお許しくださった彌生書房社長・津曲篤子氏に心からお礼申し上げます。

次に、大谷大学の寺川俊昭、安藤文雄、三明智彰の各氏には、彌生書房発行『曾我量深選集』第五巻にもとづき、初心者に平易ということを願いに、漢字・仮名づかいを当用漢字・現代かなづかいに、一部の助動詞を口語風に改めるなどの大変面倒な作業をしていただきました。お陰で大変読みやすくなりました。

このうえは一人でも多くの方に、この本が読まれることを念ずるばかりであります。

東本願寺出版

曽我量深（そが　りょうじん）

1875（明治８）年、新潟県生まれ。

1899（明治32）年、真宗大学本科卒。

東洋大学教授、大谷大学教授・名誉教授を経て、1961（昭和36）年、大谷大学学長に就任。

1971（昭和46）年６月20日、逝去。

主な著書
『歎異抄聴記』
『曽我量深選集』など多数。

親鸞《しんらん》の仏教史観《ぶっきょうしかん》

一九八三（昭和五十八）年十一月二十日　第一刷発行
二〇一六（平成二十八）年九月三十日　第八刷発行

著　者　曽我量深
発行者　里雄康意
編集発行　東本願寺出版（真宗大谷派宗務所出版部）
〒六〇〇－八五〇五
京都市下京区烏丸通七条上る
電　話　〇七五－三七一－九一八九
ＦＡＸ　〇七五－三七一－九二一一
真宗大谷派（東本願寺）ホームページ
http://www.higashihonganji.or.jp/
E-mail shuppan@higashihonganji.or.jp

印刷所　中村印刷株式会社

ISBN978-4-8341-0088-4 C3015